Marc J. Kalisch (Hg.)

Anbetung, Dank und Ehre

12 Glaubenszeugnisse zur Eucharistie

VERLAG FRIEDRICH PUSTET
REGENSBURG

Mit kirchlicher Druckerlaubnis
P. Michael Huber MSC, Generalvikar

Bibliografische Information der Deutschen Nationalbibliothek
Die Deutsche Nationalbibliothek verzeichnet diese Publikation
in der Deutschen Nationalbibliografie; detaillierte bibliografische
Daten sind im Internet über http://dnb.dnb.de abrufbar.

© 2020 Verlag Friedrich Pustet, Regensburg
Gutenbergstraße 8 | 93051 Regensburg
Tel. 0941/920220 | verlag@pustet.de

ISBN 978-3-7917-3199-5
Umschlaggestaltung: Martin Veicht, Regensburg
Foto: Gert Schmidbauer, Ingolstadt
Satz: Vollnhals Fotosatz, Neustadt a. d. Donau
Druck und Bindung: Friedrich Pustet, Regensburg
Printed in Germany 2020

Unser gesamtes Programm finden Sie im Webshop unter
www.verlag-pustet.de

Inhalt

Geleitwort
Bischof Gregor Maria Hanke OSB 7

Vorwort 9

THEOLOGISCH-SPIRITUELLE ZUGÄNGE

Sebastian Braun
Zum Altare Gottes werde ich treten 17

Josef Gehr
Eucharistie – Begegnung mit Christus 21

Thomas Stübinger
Eucharistie – Danksagung 26

Paulus M. Tautz CFR
Die ewige heilige Messe – Intimität und Liebe 31

Isidor Vollnhals
„Gottheit tief verborgen" – Anbetung vor dem brennenden Dornbusch 39

Michael Wohner
„Tut dies zu meinem Gedächtnis" 43

BIOGRAFISCH-SPIRITUELLE ZUGÄNGE

Marco Benini
Eucharistie – ein lebensbegleitendes Sakrament 51

Adolf Bittschi
Messe feiern 58

Werner Christoph Brahtz CO
Vom Schauen zum Glauben 62

Stefan Killermann
Als wäre es die erste, letzte und einzige Messe 69

Beda Sonnenberg OSB
Quelle des Lebens 73

Paul Waldmüller OFM
Leben aus der Eucharistie 79

Anhang
Anbetung, Dank und Ehre 85

Autorenverzeichnis 87

Geleitwort

Liebe Schwestern und Brüder,
in seiner dogmatischen Konstitution über die Kirche hat das Zweite Vatikanische Konzil die überragende Bedeutung der Eucharistie in einem knappen Satz zusammengefasst: Sie ist „Quelle und Höhepunkt des ganzen christlichen Lebens" (Lumen gentium 11). Die zwölf Beiträge des vorliegenden Bandes falten diese verdichtete theologische Aussage in sehr persönlichen Zeugnissen und Überlegungen aus und wollen auf diese Weise dazu anregen, über die Rolle nachzudenken, die die heilige Eucharistie im eigenen Leben spielt.

Initiiert hat diese Publikation der Ingolstädter Messbund, dessen Mitglieder sich seit der Gründung vor knapp dreihundert Jahren der Förderung der eucharistischen Frömmigkeit und dem Gebet füreinander widmen. Teil dieser Mission ist die Stiftung jeweils einer Messe im Jahr für die Anliegen aller lebenden und verstorbenen Mitglieder der Gebetsgemeinschaft.

Ursprung und Entwicklung der Messstipendien

Der heutige Brauch der Messstipendien hat seinen Ursprung in der Praxis der frühen Kirche, dass die Gläubigen die zur Messfeier und der anschließenden Agapefeier nötigen Gaben zum Gottesdienst mitbrachten. Jeder, der sich mit einer Nahrungsspende beteiligte, leistete damit einen sichtbaren Beitrag dafür, dass die heilige Messe gefeiert werden konnte. In ähnlicher Weise gilt das heute etwa für den Kirchenchor, die Kirchenmusiker, die Ministranten und die Mesner, aber ebenso alle, die andächtig am Gottesdienst teilnehmen: Sie alle tragen dazu bei, dass die Eucharistie würdig gefeiert wird.

Die übrig gebliebenen Lebensmittel wurden in der frühen Kirche zur Armenfürsorge und zur Unterstützung des Lebensunterhaltes der Priester verwendet. Hieraus entwickelte sich sowohl die Kollekte als auch der Brauch des Messstipendiums. Die Erträge der Kollekte kamen zum einen den Hilfsbedürftigen und Armen zugute, zum anderen wurden damit die Aufwendungen bezahlt, die für die Feier des Gottesdienstes selbst nötig waren. Das Messstipendium hingegen erhielt der Priester persönlich. Indem die Gläubigen auf diese Weise den Lebensunterhalt der Priester sicherten, sorgten sie zugleich dafür, dass diese die heilige Messe feiern konnten. So beteiligten sich die Gläubigen auch mit dieser Gabe an der Ermöglichung der Eucharistiefeier, wenn auch der Zusammenhang nun nicht mehr ganz so deutlich erkennbar war wie in der frühen Kirche.

Bei uns in Bayern erhält heute die jeweilige Kirchenstiftung das Messstipendium, so dass das Geld direkt für die Ausgaben der Gemeinde vor Ort verwendet werden kann. Auf diese Weise ist der Bezug zur konkreten Feier wieder greifbarer geworden: Die Gläubigen beteiligen sich mit ihrem Beitrag an der Eucharistiefeier und werden damit auch dann zu Mitfeiernden, wenn sie physisch an dieser heiligen Messe nicht teilnehmen können.

In anderen Ländern allerdings ist die Situation der Priester weitaus weniger komfortabel, so dass die Messstipendien dort tatsächlich einen wesentlichen Beitrag zum Lebensunterhalt der Kleriker leisten. Die Weiterleitung von Stipendien an Diözesen und Ordensgemeinschaften in ärmeren Gebieten der Weltkirche unterstützt daher ganz praktisch das dortige kirchliche Leben.

Ich danke allen Mitwirkenden an diesem Band, allen voran den zwölf Autoren und dem Herausgeber für ihren Einsatz und wünsche Ihnen, liebe Leserinnen und Leser, eine geistlich gewinnbringende und anregende Lektüre.

Gregor Maria Hanke OSB
Bischof von Eichstätt

Vorwort

Liebe Leserinnen und Leser,

das vorliegende Büchlein wurde im Auftrag des Ingolstädter Messbundes realisiert. Es soll Sie einladen, über das Geheimnis der Eucharistie nachzudenken. Durch die Zeugnisse von ganz unterschiedlichen Priesterpersönlichkeiten soll ein vertiefter Zugang zu diesem Geheimnis erschlossen werden. Da sich die Kirche des Weihepriestertums bedient, um den Menschen die geistige Nahrung der Sakramente und besonders der Eucharistie zukommen zu lassen, kommen in diesem ersten Band zunächst Priester zu Wort. Vielleicht können weitere Bände folgen, in denen andere Stände der Kirche Zeugnis über ihre Zugänge zur Eucharistie ablegen.

Diese Schrift soll Sie, liebe Leserinnen und Leser, stärken. Deshalb sollten die einzelnen Autoren neben ihrem persönlichen Zugang folgenden Fragestellungen nachgehen: Wie kann die Eucharistie ihren Platz in meinem Leben, in meinem Alltag bekommen oder wie kann sie noch mehr Raum einnehmen und warum ist die Eucharistie heutzutage überhaupt noch wichtig? Warum sollten die Menschen heute überhaupt noch zur Messe gehen?

Zu Beginn dieser Schrift für die Praxis ist es wichtig, einmal kurz die katholische Lehre über die Eucharistie in der Theorie darzulegen.

Das Geheimnis der Eucharistie ist ein Glaubensgeheimnis, für das viele Märtyrer ihr Blut vergossen haben. Um sich diesem Geheimnis angemessen zu nähern, ist es hilfreich, einige wenige Stellen des Hymnus „Gottheit tief verborgen" des heiligen Thomas von Aquin genauer zu betrachten. Hierin heißt es am Beginn im lateinischen Original: „Adoro te devote", zu Deutsch: „Demütig bete ich dich an"; an anderer Stelle: „Augen, Mund und Hände täuschen sich in dir."

Es gilt also, sich demütig diesem Geheimnis zu nähern und sich nicht vom Rationalismus in die Irre führen zu lassen. Die Eucharistie scheint unserem menschlichen Verstand zu widersprechen, aber Gottes Wort geht unserem Verstand voraus und „ist selbst die Wahrheit, die nicht trügen kann".

Im Sakrament der Eucharistie sind der wahre Leib und das wahre Blut Jesu Christi gegenwärtig – das ist der Glaube der Kirche von Anfang an. Diese Wahrheit überfordert jedoch unsere Vernunft, da wir anstatt Leib und Blut Brot und Wein sehen, tasten und schmecken.

Im Vertrauen auf das Wort Gottes glaubt die Kirche, dass auf wunderbare und unblutige Weise im Geheimnis der Eucharistie das ein für alle Mal dargebrachte Kreuzesopfer Jesu Christi gegenwärtig wird. Das Gedächtnis dieses Opfers wirkt täglich in seiner sündenvergebenden Kraft. Gedächtnis aber bedeutet viel mehr als ein einfaches Sich-Erinnern, sondern ist die Vergegenwärtigung des Pascha Christi, d. h. seines Hindurchgehens durch den Tod in das österliche Leben. Sein Leiden, Kreuz und Auferstehen ereignet sich immer neu in der Feier der Eucharistie und wird zur Gegenwart. Jesus Christus stiftet beim Letzten Abendmahl selbst den Neuen Bund in seinem Blut und wird so zum Mittler zwischen Gott und den Menschen. Seinen Aposteln hat er geboten, dies zu seinem Gedächtnis immer wieder zu tun, damit sein Bund täglich erneuert werde.

Die Kirche ist diesem Auftrag stets treu gefolgt und hat das Geheimnis der Eucharistie von Anfang an gefeiert und durch die Jahrhunderte hindurch bewahrt. Sie ist aber nicht nur Bewahrerin der Eucharistie, sondern bringt sie selbst Gott dar. Die Kirche übt nämlich „mit Christus zusammen das Amt des

Priesters und Opfers"[1] aus. Wenn sie aber nicht nur das Amt des Priesters, sondern auch des Opfers ausfüllt, so bringt sie sich doch auch selbst Gott als solches dar. In diesem Sinne werden alle Gläubigen durch das allgemeine Priestertum zu Priestern, aber auch zu einer lebendigen Opfergabe, was wiederum dem Streben nach persönlicher Heiligkeit mehr Bedeutung verleiht.

Auch wenn die Eucharistie im kleinsten Kreis oder gar von einem Priester ganz ohne Beteiligung der Gläubigen gefeiert wird, ist sie doch eine kirchenamtliche Handlung und somit öffentlich. Die soziale Dimension der Eucharistiefeier manifestiert sich nicht nur durch die Teilnahme der Gläubigen, sondern auch durch ihre Einbettung in die ganze Kirche und ihre Geschichte sowie in das universale Opfer Christi, das „der ganzen Erde Gottes Heil und Huld" bringt.

In der Eucharistie wird Christus mit den Wandlungsworten „greifbar" gegenwärtig. Seine Gegenwart bleibt so lange wie die eucharistischen Gaben selbst bestehen. Zwar gibt es auch andere Weisen, wie er in seiner Kirche gegenwärtig ist, doch ist die Eucharistie die Höchstform seiner Gegenwart. Gemäß dem Herrenwort „Denn wo zwei oder drei in meinem Namen versammelt sind, da bin ich mitten unter ihnen" (Mt 18,20) ist Jesus Christus im Gebet seiner Kirche gegenwärtig. Er ist aber auch da, wenn seine Kirche die Werke der Barmherzigkeit übt (vgl. Mt 25,40: „Amen, ich sage euch: Was ihr für einen meiner geringsten Brüder getan habt, das habt ihr mir getan"). Auch in der Verkündigung der Frohen Botschaft ist Christus anwesend, da er selbst das fleischgewordene Wort Gottes ist.

Am dichtesten ist die Gegenwart Christi aber in der Spendung der Sakramente, denn es ist nicht der Spender, der aus sich heraus die Sakramente schenkt, sondern es ist Christus selbst, der tauft, firmt, wandelt, vergibt, salbt, weiht oder den Bund der Ehe stiftet.

---

1 Papst Paul VI., Enzyklika „Mysterium fidei" (3. September 1965), Nr. 32.

In der Eucharistie bleibt die Gegenwart Christi sogar bestehen, auch wenn ihre Feier endet. So nimmt sie unter allen anderen Sakramenten eine Vorrangstellung ein.

Das Konzil von Trient definiert, dass Christus in der Eucharistie „wahrhaft, wirklich und substanzhaft"[2] gegenwärtig ist. Somit ist in ihr der ganze Christus als wahrer Gott und wahrer Mensch anwesend.

Durch die Wandlung bekommen die Gestalten von Brot und Wein nicht nur eine neue und besondere Bedeutung oder einen neuen Zweck, sondern auch und vor allem wird ihr Wesen, ihre Wirklichkeit verändert. Sie werden zu Leib und Blut Christi, und das ist eine neue Realität. Das, was die Realität von Brot und Wein ausmacht und sie zu dem macht, was sie in Wirklichkeit sind, wird durch die wirkmächtigen Worte der Wandlung verändert. Ihre Substanz ändert sich. Deshalb nennt die Kirche diesen Vorgang Transsubstantiation. Was immer noch aussieht, schmeckt, riecht und sich anfühlt wie Brot und Wein, ist in seinem Wesen nicht mehr Brot und Wein, sondern wahrer Leib und wahres Blut Christi, wenn er selbst die Worte der Wandlung durch den Priester spricht. Es ist nicht der Priester, der die Wandlung aus sich selbst heraus bewirkt. Er handelt in der Person Christi des Hauptes. Christus ist die eigentlich handelnde Person, die sich des Priesters auf sakramentale Weise bedient.

Jesus Christus, der selbst „der Weg und die Wahrheit und das Leben" (Joh 14,6) ist, dürfen wir auch in den Worten glauben, die er bei der Einsetzung der Eucharistie im Abendmahlssaal spricht: „Das ist mein Leib; das ist mein Blut; tut dies zu meinem Gedächtnis" (vgl. Mt 26,26–28; Mk 14,22–26; Lk 22,19–20; 1 Kor 11,23–26). Auch wenn es für den menschlichen Verstand kein Einfaches ist, diese Glaubenswahrheit zu erfassen, so ist sie doch der größte Schatz, der ihr von Christus selbst anvertraut wurde. „Was Gott Sohn gesprochen, nehm ich glaubend an. Er ist selbst die Wahrheit, die nicht trügen kann."

---

2 Vgl. Konzil von Trient, DS 1651.

Aus diesem Grund ist es ein Hauptziel des Ingolstädter Messbundes, die Verehrung der Eucharistie zu fördern. Das hat er sich auf die Fahnen geschrieben. Der Ingolstädter Messbund ist aus der Verwurzelung in der Eucharistie und durch seine marianische Prägung eine vielfältige Gemeinschaft.

Er wurde 1729 von Franziskanern gegründet und ist heute auf der ganzen Welt bekannt. Am 8. Dezember 1945 erklärte der damalige Eichstätter Bischof Dr. Michael Rackl die in Ingolstadt verehrte Mariendarstellung mit dem Namen „Schuttermutter" zur Patronin des Marianischen Messbundes.

Seit dem Jahr 2010 befindet sich der Messbund in der Obhut des Bischöflichen Stuhles Eichstätt, nachdem die Franziskaner ihre Niederlassung in Ingolstadt aufgegeben haben. Er gehört daher heute zum geistlichen Patrimonium des Bistums des heiligen Willibald.

Der Ingolstädter Messbund ist eine eucharistische Gebetsgemeinschaft, in der einer für den anderen betet und jedes Mitglied einmal jährlich eine heilige Messe stiftet. Hauptziele des Bundes sind die Förderung der Verehrung der heiligsten Eucharistie und das beständige Gebet für die Verstorbenen. Die Stiftung Ingolstädter Messbund kümmert sich um die verlässliche Weitergabe von Messstipendien an bedürftige Priester in verschiedenen Ländern der Mission.

Es ist eine besondere Freude und geistliche Stärkung für den Messbund, Papst Pius X., Papst Johannes XXIII., Papst Johannes Paul II., Bruder Konrad von Parzham und Pater Pio von Pietrelcina als Heilige unter seine Mitglieder zählen zu dürfen. Auch der emeritierte Papst Benedikt XVI. gehört dem Ingolstädter Messbund an.

Als Mitglied der Gebetsgemeinschaft des Ingolstädter Messbundes darf man sich nicht nur mit diesen illustren Personen, sondern auch mit allen anderen Beterinnen und Betern verbunden wissen und wird täglich in das Geheimnis der Eucharistie mit hineingenommen durch die vielen Messen, die nach Meinung des Messbundes gefeiert werden. Stets werden gerne Neumitglieder aufgenommen.

Für die finanzielle Ermöglichung dieses Buchprojektes dankt der Ingolstädter Marianische Messbund der St.-Willibald-Stiftung des Bischöflichen Stuhls Eichstätt ganz besonders. Auch den Autoren und Herrn Dr. Ludwig Brandl sei ein herzliches „Vergelt's Gott!" ausgesprochen. Ohne ihre Mühen wäre es nicht zu diesem Büchlein gekommen.

So wünsche ich Ihnen, liebe Leserinnen und Leser, viel Freude mit diesem Büchlein und geistliche Früchte in der Verehrung der heiligsten Eucharistie.

Marc J. Kalisch
Messbundkurat

Theologisch-spirituelle Zugänge

Zum Altare Gottes werde ich treten

Sebastian Braun

„Zum Altare Gottes werde ich treten, zu Gott, der meine Jugend erfreut." – Dieser Satz aus dem Stufengebet der überlieferten Liturgie macht sehr schön deutlich, dass Gott gerade in unseren jungen Jahren Großes wirken kann. Ich erinnere mich noch sehr gut, dass ich als Ministrant einmal bei einer eucharistischen Anbetung in meiner Heimatpfarrei das Weihrauchfass nehmen durfte. Als Einzige durften wir ganz vorne beim Pfarrer vor der Monstranz sein. Was (bzw. besser: wer) in dieser Monstranz zu sehen war, das war mir damals bestimmt nicht bewusst. Aber ich erinnere mich, wie mir in diesem Moment, als alle Blicke auf die von Weihrauch umgebene Monstranz gerichtet waren, bewusst wurde, dass das etwas ganz Besonderes sein musste. Und dass es ein Privileg ist, so nah davorstehen zu dürfen. Allein die würdige äußere Gestaltung der Liturgie war ein ganz klares und für uns Kinder verständliches Zeichen, dass dieses kleine Stück Brot mehr ist, als das Auge sehen kann. Eine ganze Kirche, erwachsene Männer und Frauen, die vor der heiligen Eucharistie ihre Knie beugen, hat mich damals spüren lassen, wie besonders die eucharistische Anbetung ist. Und ich durfte als kleiner Bub ganz vorne dabei sein, die Hostie aus nächster Nähe sehen und auch noch mitwirken an dieser liturgischen Feier!

Ich denke, es braucht solche Aha-Momente, in denen einem etwas zutiefst bewusst wird, was man in der Theorie schon gelernt hat. Gewiss wurde uns in der Erstkommunionvorbereitung beigebracht, dass Jesus wirklich gegenwärtig ist im Sakrament. Dieses theoretische Wissen allein hätte mich aber ohne die Erfahrung der eucharistischen Anbetung nicht begreifen lassen, wie groß dieses Geschenk des Herrn an seine Kirche ist. Wenn ich heute in der Anbetung bin und es mir schwerfällt, meine Gedanken zu sammeln, dann hilft es mir, an diese Erfahrung meiner Kindheit zurückzudenken, um mir das Besondere dieser Situation wieder bewusst zu machen.

Ahme nach, was du vollziehst

Doch ist die eucharistische Frömmigkeit nicht auf die Liturgie beschränkt, sondern soll sich auch auf den christlichen Alltag ausweiten. Besonders schön machen das die Worte deutlich, die der Bischof bei der Priesterweihe an den Neugeweihten richtet:

Bedenke, was du tust,
ahme nach, was du vollziehst,
und stelle dein Leben unter das Geheimnis des Kreuzes.

Was in der heiligen Messe sakramental vollzogen wird, gilt es im Leben nachzuahmen, besonders die Kreuzeshingabe Jesu. Die zentralen Worte der Messe, die Worte des Herrn selbst *„Das ist mein Leib, der für euch hingegeben wird"* – *„Das ist mein Blut, das für euch vergossen wird"* macht sich der Priester nicht nur in der Liturgie zu eigen. Sie mahnen Tag für Tag, nicht nur in den anstehenden pastoralen Aufgaben *etwas* zu geben, sondern dabei *sich selbst* im Dienst an der Gemeinde hinzugeben. Diese Hingabe scheint mir das spezifisch Christliche zu sein: Als Christ tut man nicht nur Dienst nach Vorschrift, sondern versucht mehr zu geben, als die reine Logik oder die menschliche Gerechtigkeit fordern würde. Nicht selten wird das bedeuten, etwas von sich selbst zu geben.

Kein Gnadenautomat

Viele Gläubige kämpfen mit der Erfahrung: „Die Messe gibt mir nichts!" Darauf antworte ich manchmal ganz nüchtern, dass auch mir die Feier der heiligen Messe gelegentlich „nichts gibt" – zumindest aus rein emotionaler Sicht. In der Tat gibt es Tage, an denen man als Priester von einer Messfeier zur anderen hetzt und nicht wirklich einen persönlichen Mehrwert spürt. Dabei hilft mir der Gedanke, dass es nicht allein darauf ankommt, was Gott *mir* gibt, sondern auch darauf, was ich *ihm* gebe. Ist Gott nur ein Gnadenautomat, bei dem ich mir einmal die Woche etwas abholen möchte, oder bin ich bereit, dass der Gottesdienst eine Stunde ist, in der auch ich ihm etwas von mir gebe? Eine Stunde, in der ich Gott diene, was der Name „Gottesdienst" ja auch impliziert. Wenn ich aus schlichter Treue zur Sonntagsmesse gehe, auch wenn mir gerade irgendetwas dabei nicht passt (Uhrzeit, musikalische Gestaltung …), kann das in den Augen Gottes wertvoller sein, als wenn ich vom äußeren Rahmen begeistert und mit viel Emotionen die heilige Messe mitfeiere.

Und trotzdem ist das Anliegen vieler Gläubigen, dass ihnen die Messe auch etwas geben soll, berechtigt. Ich denke, die Messe kann einem besonders dann etwas geben, wenn man sich Zeit zur Vor- und zur Nachbereitung nimmt: Einige Minuten vor der heiligen Messe in der Kirche zu sein und sich auf die Begegnung mit dem Herrn vorzubereiten, kann da schon viel ausmachen. Aber auch das Nachwirkenlassen des Gottesdienstes, z. B. indem man sich einen Gedanken aus dem Evangelium oder der Predigt einprägt und weiter betrachtet, ist eine gute Tradition. Papst Benedikt XVI. hat einmal darauf hingewiesen, dass beide Hauptteile der Messfeier – Wortgottesdienst und Eucharistiefeier – über die Messe hinaus verlängert werden sollen:[1] Die Verlängerung des Wortgottesdienstes ist

---

1 Vgl. Benedikt XVI., Geistliche Schriftlesungen (= Christliche Meister 58), Freiburg 2014, 32.

die persönliche Schriftbetrachtung. Wenn möglich, versuche ich schon am Sonntagabend das Evangelium für den kommenden Sonntag zu betrachten, damit es mich die ganze Woche begleiten kann. Die Verlängerung der Eucharistiefeier dagegen ist die eucharistische Anbetung: Was man in der heiligen Messe feiert und empfängt, kann dort oft in der Kürze gar nicht richtig wahrgenommen werden. Die eucharistische Anbetung ist der Ort, wo man für die Kommunion dankt und sich darauf vorbereitet, beim nächsten Mal wieder in dankbarer Freude und bereit zur persönlichen Hingabe zum Altare Gottes hinzuzutreten.

Eucharistie – Begegnung mit Christus

Josef Gehr

Ich bin Priester. Es zählt zu meinen vornehmsten Aufgaben, die heilige Eucharistie zu feiern (vgl. Vatikanum II, LG 28). Sie ist der tägliche Bezugspunkt für ein Leben aus dem Glauben. Meine eucharistische Erfahrung spiegelt sich unter anderem in den folgenden Begriffspaaren wider: *vergeben und verzeihen, hören und tun, begegnen und treffen, segnen und senden.*

Vergeben und verzeihen

In der Feier der heiligen Messe begegne ich dem Heiligen, begegne ich Gott, der zu mir spricht und der sich mir schenkt. Darauf bereite ich mich durch den Akt der Buße vor. Die rituelle Reinigung ist wohl allen Religionen bekannt. Ich spreche mit meinen Brüdern und Schwestern im Glauben das Schuldbekenntnis, das mit den Kyrie-Rufen, dem Lobpreis der Barmherzigkeit Gottes, verwoben ist.

Ich bin Sünder. Jede gegenteilige Behauptung wäre in der Tat falsch, verblendet und hoffärtig. Wenn ich den Beichtspiegel durchgehe, also mein Gewissen erforsche, muss ich feststellen, dass ich mit Sünden und mit Schwächen behaftet bin, Grenzen überschreite und das Angebot der Umkehr nur teilweise oder gar nicht lebe.

Entmutigen lasse ich mich durch diese Erfahrung nicht. Sündenlose Menschen gab es nur ganz wenige auf dieser Erde. Die Kirche kennt zwei: Jesus und seine Mutter, Maria. Nicht einmal der heilige Josef war also vor diesem Laster, dieser menschlichen Grundbefindlichkeit gefeit. Das hielt ihn nicht davon ab, das Heilsgeheimnis der Menschwerdung Gottes, das sich vor seinen Augen ereignete, zu bejahen. Er ging seinen Weg der Bekehrung. Die Erkenntnis, der Gnade Gottes zu bedürfen, hilft mir, demütig zu sein, Rettung und Heil nicht von mir zu erwarten, sondern mein Tun und Handeln der Barmherzigkeit Gottes anzuvertrauen.

Die Erfahrung seiner Zuwendung ist der entscheidende Impuls für mich, barmherzig zu sein. Wer Verzeihung erfahren hat, kann und soll sie schenken. Manchmal höre ich im Beichtstuhl das Bekenntnis: *„Ich kann nicht verzeihen!"* Es sind Menschen, die das Fehlverhalten anderer verletzt hat. Doch sehen sie nur den eigenen Schmerz und vergessen, dass auch sie anderen gegenüber schuldig geworden sind und der Nachsicht bedürfen. Darauf verweise ich und auf die Vaterunserbitte: *„Vergib uns unsere Schuld, wie auch wir vergeben unseren Schuldigern."*

Hören und tun

Gereinigt durch die Reue und das Bekenntnis meiner Schuld, vernehme ich das Wort Gottes. Das Hören ist eine elementare Fähigkeit des Menschen. Die tägliche Liturgie lehrt mich die Kunst des Zuhörens. Ich höre das Wort Gottes und will es verstehen. Der Glaube kommt vom Hören, sagt die Kirche in Anlehnung an den heiligen Paulus (vgl. Röm 10,17). Doch soll es beim Hören nicht bleiben. Die Frohe Botschaft will angenommen sein und gelebt werden. *„Selig sind vielmehr, die das Wort Gottes hören und es befolgen"* (Lk 11,28), entgegnete Jesus der begeisterten Frau, die seine Mutter Maria pries. Mit den Begriffen *„ascoltare / hören"* und *„vivere / leben"*, die den Einführungs- und Schlusskommentaren der Formulare für die Messtexte voranstehen, erinnert mich das italienische Messbuch täglich an diesen Grundsatz.

Durch die Einteilung der Sonntage in die Lesejahre A, B und C, durch die beiden Lesereihen I und II für die Feier an Werktagen und durch das Prinzip der Bahnlesung hat die Kirche den Tisch des Wortes Gottes das ganze liturgische Jahr hindurch reich gedeckt. Die Texte korrespondieren und ergänzen sich. Der Antwortpsalm, in der Regel ein Ausschnitt aus dem reichen Erbe der alttestamentlichen Psalmen, vertieft die Botschaft der Lesung. Der Ruf vor dem Evangelium stimmt mich ein auf die Frohe Botschaft. Durch Gesang und Wort bereitet er den Weg in das Zentrum des Wortgottesdienstes, ist Appell und Mahnung, dem Bericht der Evangelisten über die Worte und Taten Jesu volle Aufmerksamkeit zu schenken. Ihre Texte konfrontieren mich mit ihm, dem Meister, dessen Jünger ich bin. Seine Worte trösten mich, machen mich nachdenklich, stärken mich. Ich wachse in der Kenntnis Jesu. Die Schrift kennen, heißt Christus kennen, schreibt Hieronymus.

Begegnen und treffen

Ich lebe in Gemeinschaft mit anderen und von der Begegnung mit anderen. Ich brauche sie, ich will sie, denn ohne sie wäre mein Leben ärmer, einsam und mangelhaft. Die Feier der Eucharistie ist Begegnung. Ich begegne Gott und meinen Schwestern und Brüdern im Glauben. Abgesehen vom Arbeitsplatz und den gemeinsamen Essenszeiten ist die Feier der Messe der Ort, an dem ich anderen begegne. Es tut mir gut, ihnen zu begegnen, ihnen in dieser Weise zu begegnen: im Hören auf Gottes Wort, im Brechen des Brotes, im Friedensgruß.

Über jene hinaus, die sich mit mir zur Feier der heiligen Eucharistie eingefunden haben, begegne ich im Gebet auch jenen, die nicht anwesend sind: dem Papst, den Bischöfen, den Priestern und den Diakonen, allen, die zum Dienst in der Kirche bestellt sind, und dem ganzen Volk der Erlösten (vgl. Drittes

Hochgebet). Zudem bezieht sich der Kanon der Messe auch auf die unsichtbare Kirche: auf die Heiligen und Märtyrer einerseits und andererseits auf die Verstorbenen, die uns im Glauben und im Sterben vorausgegangen sind und denen die reiche Frucht des versöhnenden Opfers Christi, blutig vollzogen auf Golgota und unblutig vergegenwärtigt in der Liturgie, zugewendet wird. Der Heiligen und der Toten wird nicht nur gedacht. Sie sind alle da und feiern mit, lehrt die Kirche.

Die Kommunion ist der Augenblick der innigen Begegnung mit dem Herrn. Er, dessen Macht und Größe alles übersteigt, klopft an und begehrt Einlass, will Mahl halten mit mir, seinem Geschöpf. Ich begegne meinem Heiland und Erlöser, meinem Freund und guten Hirten, halte Zwiegespräch, lausche, um zu erkennen, welche Gedanken und Impulse er schenkt. Sie sind Licht und Nahrung für den Tag, regen mich an, mich als Jünger zu erweisen.

Segnen und senden

Am Ende der Messe werde ich gesegnet und gesendet. Die Kirche segnet Menschen, Einrichtungen, Fahrzeuge, Kräuterbüschel und vieles mehr. Sie vermittelt durch den Segen Gottes Zuwendung und Nähe. Ich segne und ich werde gesegnet, um ein Segen zu sein (vgl. Gen 12,2) für die, die ich treffe, mit denen ich arbeite und meine Freizeit verbringe. So schließe ich die heilige Feier mit dem Zeichen, mit dem ich sie begonnen habe, mit dem Zeichen des Kreuzes, im Namen des dreifaltigen Gottes.

Dann höre ich das Wort: *„Gehet hin in Frieden!"* Die Eucharistie schließt mit der Sendung derer, die daran teilnehmen. In Anlehnung an das lateinische Wort *missio* wird sie daher auch Messe genannt. Jesus, der geopferte und auferstandene Sohn Gottes, der mir Schuld vergeben hat, der sich mir in den Gaben von Brot und Wein geschenkt hat, dem ich begegnen durfte, sendet mich, seinen Jünger, damit ich das lebe, was ich gehört und verstanden habe, damit ich die Kraft und die Energie weitergebe, die mir geschenkt wurden, damit ich Gottes Willen lebe. Gesegnet und gesendet lasse ich mich ein auf das Kommende, gehe in Frieden und freue mich auf die nächste Feier der heiligen Messe.

Eucharistie – Danksagung

Thomas Stübinger

Geschenk

Eucharistie heißt „Danksagung". Das ist wohl auch der Grund, warum viele Menschen sie nicht mehr richtig schätzen. Wer weiß sich schon noch Gott verdankt? Ein Mensch, der denkt, wird dankbar, weil er spürt, dass vieles nicht selbst gemacht ist, sondern unverdientes Geschenk. Mit der mangelnden Dankbarkeit nimmt auch das Eucharistieverständnis ab. In der Feier der heiligen Messe sagen wir Gott, dem Vater, danke, dass er uns Christus als Retter gesandt hat. In Christus können wir Gott unseren Vater nennen. So sagen wir durch Christus dem Vater Dank, denn Christus ist unser Mittler zum Vater. Christus hat die Eucharistie als bleibendes Zeichen seiner Gegenwart in seiner Kirche gestiftet. So können wir die erlösende Kraft seiner Liebestat am Kreuz fortdauernd feiern. Christus hat kurz vor seiner Heimkehr zum Vater „Geschenke" versprochen, die er senden will. Hierbei meint er die Gabe seines Heiligen Geistes, aber auch die Wirkungen wie die Eucharistie und das Priestertum sowie die übrigen Sakramente. Die Eucharistie ist die geheimnisvolle Mitte aller Sakramente und „Quelle und Höhepunkt des gesamten christlichen Lebens". Viele Menschen tun sich heute schwer beim Verständnis der heiligen Wandlung der eucharistischen Gaben.

Die Frage bzgl. der Wandlung ist schwer in ein paar Worten zu erklären. Nach der Wandlung sagt der Priester „Geheimnis des Glaubens". Dieses Geheimnis ist nur im Glauben und in der Liebe zu verstehen. Jesus Christus, der in den gewandelten eucharistischen Gaben gegenwärtig ist, will nicht erklärt, sondern geliebt werden. Gott, der die Liebe ist, kann sich nur Mitliebenden zeigen. Die Erscheinungsweisen der Gaben von Brot und Wein bleiben für die äußeren Sinne des Menschen freilich gleich. Der heilige Thomas von Aquin sagt so schön: „Augen, Mund und Hände täuschen sich in dir …"

Man kann es vielleicht mit einem Vergleich von menschlicher Beziehung erklären. Ein Mensch, den ich liebe, hat für mich eine ganz andere Bedeutung als ein wildfremder Mensch. Die Erkenntnis des geliebten Menschen wandelt meinen Blick auf ihn, denn ich erkenne seinen wahren Wert. So ist es auch mit der Beziehung zu Jesus Christus in der Weise des Glaubens. In einer Zeit, in der sich viele Menschen selber nicht annehmen können, wäre die Eucharistie ein wahres Heilmittel: Über den Umweg des liebenden Blickes Christi in der Hostie kann ich meinen eigenen Wert entdecken. Ich finde es immer wieder sehr prägend, dass ich als Priester zwar die Worte Christi sprechen darf: „Das ist mein Leib … das ist mein Blut", danach aber die Kniebeuge vor Leib und Blut Christi mache. Diese sogenannte „doppelte Repräsentation Christi" erzeugt jedes Mal eine geheimnisvolle Spannung: Ich vertrete Christus, das Haupt der Kirche, stehe aber selbst auch als Repräsentant der Gläubigen, des Volkes Gottes am Altar.

Wichtig ist mir dabei die Haltung, die beim Gebet kurz vor dem Kommunionempfang zum Ausdruck kommt: „Herr, ich bin nicht würdig, dass du eingehst unter mein Dach, aber sprich nur ein Wort, so wird meine Seele gesund." Auch die äußere Haltung ist nicht unerheblich. Ich freue mich immer, wenn ein Christ vor dem Kommunionempfang eine Kniebeuge macht (freilich nur, wenn das körperlich machbar ist). Auch der Empfang der Hostie in den Mund ist für manche eine Weise der Ehrfurcht, mit der sie ausdrücken wollen, dass hier der allmächtige Gott zu uns kommt. Freilich kommt es auf die innere Haltung an, man soll die eine Form nicht gegen die andere ausspielen. Die Haltung einer echten Sehnsucht nach Gott ist wichtig und der Wunsch, sich jetzt innig mit dem Kreuzesopfer Christi zu vereinen.

Lebens-Mitte(l)

Für mich ist die tägliche Feier der heiligen Messe mein(e) Lebens-Mitte(l). Das besagt gleich zwei Dinge: Die Messe stellt den Höhepunkt des ganzen Tages dar und strukturiert ihn, und die heilige Kommunion ist für mich wirklich Lebensmittel im wahrsten Sinne des Wortes, eine Kraftquelle, ohne die ich meinen Dienst als Priester in der Pfarrei gar nicht erfüllen könnte. Als Pfarrer ist man mit so vielen Sorgen der Gläubigen konfrontiert: Schicksalsschläge, Krankheiten, zerbrochene Beziehungen. Wenn ich all das allein mit mir herumtragen müsste, würde ich krank werden. Ich lege all die Menschen, die bei mir als Seelsorger ihr Herz ausschütten, in der Gabenbereitung in Gedanken geistlich auf die Patene und bringe sie mit dem Brot, das zu wandeln ist, Gott dar. Das entlastet mich und ich weiß die Anliegen gut aufgehoben. Auch das Kirchenjahr ist für mich ein Reichtum, weil alle menschlichen Erfahrungen wie Freud und Leid, Erwartung und Erfüllung darin vorkommen und eine heilsame Spannung über das Jahr hindurch aufgebaut wird. In meiner Zeit als Subregens des Priesterseminars hatte ich die Gnade, jeden Tag mit der Anbetung und der Komplet in der Hausgemeinschaft beenden zu können. Als Pfarrer muss man sich die Zeiten der Anbetung immer wieder neu erringen. Ich bin glücklich, dass es in meiner Pfarrei feste Anbetungszeiten am Donnerstag und Samstag gibt. Nach einem anstrengenden Tag ist das fast so wie eine geistliche „Wellnessoase".

Sehnsucht

Viele meinen, sie würden Gott einen Gefallen tun, wenn sie zur Messe gehen. Der Gedanke der Pflicht ist hier vorherrschend.

Ich sehe es aber lieber anders: Freilich hat Gott eine Sehnsucht nach unserem Mitfeiern der heiligen Messe, das hat Christus ja beim Letzten Abendmahl so tief ausgesprochen. Aber wäre es nicht gut, wenn auch wir die Sehnsucht nach ihm hätten, nicht aus Pflicht, sondern aus Liebe zur heiligen Messe gingen? Natürlich ist Pflichterfüllung auch schon etwas Wertvolles, wer aber nur aus dieser Motivation mitfeiert, sollte sich fragen, wie es um seine persönliche Beziehung zu Christus bestellt ist. Früher wusste man auf die Frage „Wozu sind wir Menschen auf der Welt?" zu antworten: Um Gott zu loben und ihn zu preisen, ja ihm zu dienen. Diese Absichtslosigkeit des Gotteslobes imponiert mir sehr: Man muss Gott um Gottes willen loben, weil er der Allmächtige ist. Wenn Menschen nur in die Messe gehen, wenn ihnen danach ist und wenn sie Lust dazu haben, dann sind sie von diesem Ideal weit entfernt. Ich frage dann immer: „Wie würde es ausgehen, wenn einer für einen anvertrauten Menschen, etwa einen Pflegebedürftigen, nur da wäre, wenn er Lust dazu hätte?" Es gibt auch eine Pflicht in der Liebe, beides vereinigt sich im besten Falle.

Begegnung

Schön finde ich es, wenn sich die Gläubigen nach dem Kommunionempfang in die Bank knien, die Augen schließen und ein persönliches Dankgebet sprechen. Manche empfangen die Kommunion und wollen die Gnade geistlich an Menschen weitergeben, die ihnen wichtig sind, und so die Menschen unbewusst mit Christus verbinden. Das tröstet v. a. Eltern, die darunter leiden, dass es ihnen nicht gelungen ist, den Glauben an ihre Kinder weiterzugeben.

Auch vorgefertigte Gebete, etwa die kraftvollen Eucharistielieder des heiligen Thomas von Aquin und von anderen Autoren im „Gotteslob", sind geeignet für das tiefere Verständnis dessen, was bzw. wen man empfangen hat (GL 493, 495, 281, 675, 676, 682 u. a.). Ich liebe es, Gott im Gesang zu loben, da kann ich am besten ausdrücken, wie sehr ich ihn liebe. So sehr ich das persönliche Gebet im Stillen schätze, so wichtig finde ich auch das Gebet in Gemeinschaft. Der Glaube der Gläubigen meiner Gemeinde trägt mich, und so kann ich sie dann auch wieder tragen. Jesus hat die Eucharistie in Gemeinschaft gestiftet, deshalb kann ich ihn an dieser Gemeinschaft vorbei auch nicht finden. Die Eucharistie bedeutet für mich, dass ich mich von Gott lieben lassen darf, und Liebe ist das Einzige, was zählt, Liebe ist das Einzige, das bleibt über den Tod hinaus. So feiern wir in der Eucharistie auch jetzt schon unsere Zukunft. Gerade Menschen, die einen lieben Menschen verloren haben, sollten die heilige Messe als Quelle des Trostes schätzen. Wenn es im Dritten Hochgebet heißt: „Stärke uns durch den Leib und das Blut deines Sohnes und erfülle uns mit seinem Heiligen Geist, damit wir *ein* Leib und *ein* Geist werden in Christus", dann bedeutet das doch, dass wir mit den Verstorbenen in Christus verbunden bleiben und sich diese Verbindung in jeder Messfeier und Kommunion aufs Neue ereignet. Mich tröstet das immer sehr. Der Blick auf den Leib Christi wird so für mich zu einer Art Begegnung mit Christus und meinen Lieben, von denen ich hoffe, dass sie bei ihm, ja in ihm leben.

Die ewige heilige Messe – Intimität und Liebe

Paulus M. Tautz CFR

Es war in Limerick, Westirland, nach einer heiligen Messe, die ich in einer Pfarrgemeinde nahe unserer Niederlassung in einem dieser Ghettos dieser verarmten und korrupten Stadt feierte, als eine Gruppe von älteren Frauen in die Sakristei kam und mich fragte, warum ich die heilige Messe so langsam und so lange feiern würde. Das war keine richtige Beschwerde, sondern eher eine Verwunderung. Vielleicht lag es auch an meinem Akzent, der mittlerweile eine Mischung von Deutsch und Brooklyn-Englisch war.

Jedenfalls kam diese Gruppe gutgläubiger älterer Frauen zu mir mit der Frage, warum ich denn für ihre Verhältnisse so langsam die heilige Messe zelebrieren würde. Ich antwortete damals wie aus der Pistole geschossen: „Weil das die einzige Intimität und Liebe ist, die ich hier auf Erden haben kann!" Die armen Frauen waren jetzt noch verwunderter, als sie gekommen waren. Intimität und Liebe? Was hat das mit der heiligen Messe zu tun? Gibt es nicht die Intimität und Liebe nur in menschlichen Beziehungen und Filmen und Romanen?

Sind diese beiden Wörter nicht sowieso einer grausamen Inflation ausgesetzt, die den Menschen heute erniedrigt und entmenschlicht hat?

Ich hatte damals nicht die Zeit, das näher zu erläutern, und die Frauen sind auch wie auf der Flucht aus der Sakristei gestürmt, weil die heilige Messe für sie sowieso schon zu lange gedauert hatte. Trotzdem ist es gut, finde ich, dieser Aussage nachzugehen, die selbst für mich irgendwie überraschend kam.

Wir müssen ja feststellen, dass der Mensch Liebe braucht. Der preußische Kaiser Friedrich II. soll einmal solche unmenschlichen Experimente mit Säuglingen gemacht haben, indem er diese Kleinkinder mit Nahrung versorgte, aber keine menschliche Nähe zuließ. Alle diese Kleinkinder sollen nach kurzer Zeit verstorben sein. Dieses unmenschliche Experiment hat nur gezeigt, was wir schon lange wissen: dass wir zum Überleben Liebe brauchen.

So, was ist denn überhaupt Liebe? Wir könnten da mal unseren „Erzengel Google" fragen, wie ich ihn nenne, um dem Wort mal auf die Spur zu kommen. Im Wörterbuch dort findet man das hier: „auf starker körperlicher, geistiger, seelischer Anziehung beruhende Bindung an einen bestimmten Menschen, verbunden mit dem Wunsch nach Zusammensein, Hingabe o. Ä". Diese Beschreibung trifft auf eine menschliche Dimension zu, aber was bedeutet das für uns als Christen?

Der bekannte Heilige unserer Tage, Papst Johannes Paul II., hat Liebe als „Sich-Verschenken" definiert. Mann und Frau verschenken sich aneinander ohne Selbstinteresse. Der Körper drückt dabei die Person aus. Unser Körper ist ja nicht nur eine Fleischmenge, die die Seele mit sich herumschleppt, sondern ein wichtiges Werkzeug, um Gottes Willen hier auf der Erde, wo Zeit und Raum uns umgeben, zu erfüllen. Deshalb spricht auch Jesus Christus beim Eintritt in diese Welt, wie es im Hebräerbrief heißt: „Siehe, ich bin gekommen, um deinen Willen zu tun" (Ps 40,8).

Die Seele bleibt ewig, aber der Körper ist unser Instrument, mit dem wir unsere Erlösung manifestieren. Der heilige Thomas von Aquin glaubte, dass wir selbst mit unserem verherrlichten Leib noch Gott loben und preisen, und die Seelen, die die ewige Verdammnis wählten, werden mit ihrem verbleibenden Körper Gott lästern. So real ist der Körper, und darum rät uns der heilige Thomas von Aquin, dass wir uns schon jetzt in unseren Körper verlieben sollen, denn den werden wir behalten. Das ist noch einmal eine weitere Stufe der Wichtigkeit von Selbstannahme, die vielen unserer Zeitgenossen schwerfallen wird.

Heilige Messe

Die heilige Messe ist so ein großes Geheimnis und Ereignis, dass wir hier tagelang Betrachtungen schreiben könnten. Die heilige Messe hat ganze Bibliotheken mit Büchern darüber gefüllt, die schönsten Gebäude wurden für sie gebaut und die beste Musik komponiert. Künstler haben ihr Können für die heilige Messe gegeben, denn sie ist die Vergegenwärtigung unserer Erlösung. Das Triduum (die drei heiligen Ostertage) wird in einer knappen Stunde in jeder heiligen Messe vergegenwärtigt. Bei Gott gibt es keine Zeit und keinen Raum. Der Priester spricht die Wandlungsworte in der Gegenwartsform und in der Ich-Form. Jetzt und hier wird der eucharistische Herr gegenwärtig. Die Zeit bleibt stehen, und nicht wenige Gläubige fühlen sich in diesen Momenten mit lieben Verstorbenen in geheimnisvoller Weise verbunden. Die heilige Anna Schäffer schrieb einmal: „Es gibt keine seligeren Augenblicke als die nach der Kommunion. Fühlt man sich in Liebe mit Jesus in der Kommunion vereinigt nicht wie verzehrt und enthoben über diese armselige Erde?"

Die heilige Messe ist der Auszug aus Ägypten, das neue Paschamahl, wo das neue Osterlamm (Paschalamm) geschlachtet wird, das ohne Fehler und Makel ist. Das neue Paschalamm ist Gott selbst, der genau zu der Zeit am Kreuz stirbt, als die Paschalämmer im Jerusalemer Tempel geschlachtet wurden. Das ist göttliches Timing, denn Gott gibt sein Leben und es wird ihm nicht einfach von Soldaten genommen.

Hans Urs von Balthasar beschreibt das gesamte Leben Jesu als „Theo-Drama" – als Gottes Drama. Es ist natürlich mehr als das und wirklich gelebt und nicht inszeniert, aber mit einer bewussten Bedeutung und nichts im Leben Jesu ist bloßer Zufall.

Was geschieht also in der heiligen Messe, so dass Padre Pio sagen konnte, dass die Erde ohne Sonne existieren könnte, aber nicht ohne eine heilige Messe?

In jeder heiligen Messe wird das Heilsgeschehen für den Einzelnen und die gesamte Menschheit erneuert. Jesus Christus stirbt nur einmal und für allemal am Kreuz, aber erlaubt uns in der heiligen Messe, die wir zu spät nach Golgota gekommen sind, dass wir die Heilsgeheimnisse „live" erleben dürfen. Es ist aber für uns ein unblutiges Opfer, ein Opfer des Lobes.

Auszug aus der Sklaverei

Das gesamte christliche Leben ist ein Auszug aus Ägypten, was in der Osternacht so wunderbar bei Kerzenschein vorgelesen wird. Der Pharao steht für die Welt und den Teufel. Mose ist eine Christusfigur, der uns einlädt, ins Gelobte Land mit ihm zu ziehen. Das bedeutet aber, das alte Leben der Sklaverei zu verlassen, was nicht einfach war und ist. Viele der Israeliten hatten bestimmt ägyptische Ehegatten, nahe ägyptische Verwandte, einen guten Job, hatten langjährige Beziehungen zu ägyptischen Nachbarn u. v. m. Das alles musste hinter sich gelassen werden. Viele haben sich bestimmt gefragt: Können wir diesem Mose vertrauen und wird er uns eine bessere Zukunft geben können? Vielleicht sind viele Israeliten gar nicht aus Ägypten ausgezogen, sondern zu Hause geblieben, wo sie sich sicher fühlten oder an Familien und Umstände gebunden waren.

Das geheime Zeichen des Aufbruchs wird das nächtliche Paschamahl, das kurz vor dem Auszug im Stehen und bereit für die Reise gegessen wurde. Es ist das Bundeszeichen Gottes mit seinem Volk, um es endlich in die ersehnte Freiheit zu führen. Der Durchzug durch das Rote Meer war die Taufe dieses Volkes im Bund Gottes mit den Menschen.

Die ersten Christen waren Juden und verstanden sehr klar, dass das Paschamahl, das Jesus Christus am Vorabend des

Paschafestes (also einen Tag zu früh) feierte, einen neuen Bund Gottes mit seinem Volk einläutete. In den Worten des Herrn „Das ist mein Fleisch … das ist mein Blut" war für sie klar erkennbar, dass das neue Paschalamm selbst unter ihnen ist. Am Karfreitag durchlebt der Herr durch sein persönliches Leiden, was er ein paar Stunden vorher mit Worten begangen hatte.

Lieben und leiden

Warum ist der Opfergedanke im Judentum und dann im Christentum so wichtig? Weil Liebe sich durch Leiden und Opfer beweist! Wenn ich jemanden liebe, ist jedes Opfer leicht. „Viel Liebe, viel Leiden – viel Liebe, viel Blut!" würden Italiener vielleicht voll Emotionen ausrufen und dabei kräftig die Arme nach oben schwingen.

Seit Abel, Noah, Abraham und bis zum Tempelkult in Jerusalem war das Opfern von Tieren eine wichtige Geste, um Gott mit den Menschen zu versöhnen. Warum ein Tier schlachten? Das ist besser, als einen Menschen zu töten, wie es in vielen der damaligen Kulte üblich war.

Das Töten eines Opfertieres und das Blutvergießen dabei machen deutlich, dass es hier um das Ganze geht – Leben oder Tod. Blut wurde als Symbol für das Leben selbst verstanden.

So ist es auch im Leben Jesu Christi. Er gibt sich ganz und gar ohne Zögern.

Schon ein paar Stunden nach dem Paschamahl wird er selbst zum Paschalamm, Priester, Altar und Tempel. Jesus Christus versöhnt so die Menschheit mit dem Vater im Himmel. Wie geht das? Durch den Gehorsam des neuen Adam (Jesus Christus)! Der alte Adam hatte das Paradies durch seinen Ungehorsam verspielt. Jesu Gehorsam am Kreuz gewinnt das Paradies wieder (vgl. Röm 5,19). Dort sollen wir auf ewig Ruhe finden.

Liturgie

Wie feiern wir also die heilige Messe? Die heilige Messe ist eine sakramentale Liturgie. Das heißt, dass durch die Wandlungsworte eines gültig geweihten Priesters „in persona Christi" über die Gaben von reinem Weizenmehl und Wein Jesus Christus in Person mit Seele, Leib und ganzer Gottheit unter uns gegenwärtig ist. Die vielen eucharistischen Wunder zeigen, dass die heilige Hostie Teil eines noch lebenden Herzmuskels ist.

Wenn ich die heilige Messe zelebriere, benutze ich gern am Anfang das Weihwasser. Statt des Schuldbekenntnisses wird Wasser geweiht und als Erinnerung an die heilige Taufe auf die Gläubigen gesprengt.

Das ist eine gute Erinnerung nicht nur an die Taufe, sondern an unseren ursprünglichen Auszug aus Ägypten. Wir müssen den Pharao verlassen! Wir müssen uns in der heiligen Messe auf den Weg zum Haus des Vaters machen. Am Eingang jeder katholischen Kirche gibt es die Weihwasserbecken, die wie Weihwasser-Schleusen für mich sind. Wir müssen uns erst reinigen, um in die Gegenwart des Königs zu kommen.

Der Kyrie-Ruf tut etwas Ähnliches. Hier ruft der Gläubige in griechischer Sprache, was die antiken Menschen gemacht haben, wenn ein mächtiger Herrscher zu ihnen kam. Sie riefen: „Herr, hab Erbarmen mit uns!" Bei Markus 10,46 ruft der blinde Bartimäus mit lauter Stimme aus: „Jesus, Sohn Davids, hab Erbarmen mit mir!" Und bei Lukas 18,9–14 spricht der Sünder ganz hinten in der Synagoge: „Herr, sei mir armem Sünder gnädig!"

Eine weitere interessante Auslegung des Kyrie-Rufes ist das kleine Wort *eleos*, das von *Öl* oder *Olivenöl* abstammt. Der Kyrie-Ruf am Anfang der heiligen Messe soll somit die Wunden der vergangenen Woche heilen, die uns das Leben geschlagen hat. Wir treten gemeinsam als verletzte und verwundete Pfarrgemeinde vor den Arzt unserer Seelen, der wahrhaftig die Herzen heilen kann.

Im Grunde müssten wir diesen Kyrie-Ruf außerhalb der Kirche versammelt als sündige und demütige Gemeinde ausrufen und anschließend mit Weihwasser wie von einem Gartenschlauch besprengt werden und dann erst in die Kirche einziehen.

Heiligung

Die heilige Messe ist zwar das neue Paschamahl des Neuen Bundes mit Gott und das Hochzeitsmahl des Lammes, aber es ist auch eine Begegnung mit dem Schöpfer und somit wie ein Moment des Gerichtes. Deshalb sollte man im Stand der Gnade sein, wenn man zur heiligen Kommunion kommt.

In diesem Stand der Gnade leben wir unsere Taufgnade bewusst als Kinder des Vaters.

Wenn die katholische Kirche in gewissem Maße ihre Gläubigen zur Teilnahme an der heiligen Messe verpflichtet, dann ist das aus Liebe getan, denn am ersten Tag der Woche sollen wir durch unseren Stand der Gnade, eine gute Beichte und eine würdige Feier der sakramentalen Liturgie die ganze Woche heiligen. Nur so kann unser Leben gelingen. Die heilige Messe ruft uns auch als Volk Gottes zusammen. Ich sage oft, dass der Sonntagsgottesdienst wie ein katholisches Familientreffen ist.

Für viele wird die heilige Messe vielleicht ein Buch mit sieben Siegeln bleiben, aber es lohnt sich, sich für die heilige Messe zu interessieren, denn für was wir uns interessieren, das lieben wir auch und umgedreht: Was wir lieben, für das interessieren wir uns. Es ist ratsam, eine Art Tagebuch nach der heiligen Messe zu führen. Wir können dann die Fragen für uns beantworten: Was hat der Herr mir heute sagen wollen? Was hat mich in der heiligen Messe besonders berührt?

Intimität

Für mich persönlich ist die heilige Messe der Höhepunkt am Tag. Mir würde regelrecht physisch etwas fehlen, und wenn ich einmal an einem Tag keine heilige Messe feiern konnte, spüre ich das am nächsten Tag. Wie Verliebte die physische Nähe zueinander suchen, ohne dass sie sich dabei auf die Nerven gehen, so ist es bei mir mit der heiligen Eucharistie. Die heilige Kommunion ist wie eine Berührung oder noch mehr – wie eine Vereinigung zweier Personen. Es kommt zu einem Staunen und Schweigen, wie es vielleicht Verliebte kennen.

In unserer Gemeinschaft feiern wir die heilige Messe still und langsam. Die Ghettos, wo wir meist leben, sind laut und dreckig. In der heiligen Messe erleben wir Schönheit und Heilung von all dem Lärm. Nach dem Empfang der heiligen Kommunion ist oft fünf bis sieben Minuten lang einfach nur Stille. Niemand drängelt. Es ist wie eine Erfahrung himmlischen Friedens.

Darum feiere ich die heilige Messe langsam, weil es eine wunderschöne Berührung mit der Heiligsten Dreifaltigkeit ist. Ich bin beschenkt und ich schenke mich. Das ist Liebe!

„Gottheit tief verborgen" – Anbetung vor dem brennenden Dornbusch

Isidor Vollnhals

Meine Jugenderfahrung

Stille Anbetung vor dem Tabernakel in der Hauskapelle des Bischöflichen Knabenseminars: Das gehörte zu den prägenden Frömmigkeitsformen meiner Kinder- und Jugendjahre. Höhepunkt dieser jesuitisch geformten Anbetung war das 40-stündige Gebet vor dem Allerheiligsten über den Faschingssonntag, mit einer feierlichen eucharistischen Schlussprozession in einer vollen Schutzengelkirche, mit Seminaristen, Alumnen und vielen Gläubigen der Stadt. Seitdem ist diese Frömmigkeitsform aus dem Bewusstsein vieler Katholiken lautlos verschwunden, gleichsam verdunstet.

Nur „mittelalterliche Schaufrömmigkeit"?

Die Anzeichen einer Wiederbelebung mehren sich. Etwa eine übervolle Basilika in Altötting beim „Adoratio-Kongress zur eucharistischen Anbetung und Erneuerung des Glaubens" im November 2019. Da rieben sich manche die Augen: Über 1600 junge Menschen waren der Einladung des Passauer Bischofs

Stefan Oster zur Anbetung und zum Austausch über neue Formen der Begegnung mit Jesus in der Eucharistie gefolgt.

Merkwürdig mutete die Kritik daran auf dem offiziellen Nachrichtenportal „katholisch.de" der Deutschen Bischofskonferenz an, nämlich „dass die aus der mittelalterlichen Schaufrömmigkeit entstandene Glaubenstradition der eucharistischen Anbetung nicht unumstritten" sei und als „Zweckentfremdung der Eucharistie" bei Großveranstaltungen nichts zu suchen habe.

Anbetung vor der „Dornbusch-Monstranz"

Der Kongress mit einem Erfahrungsaustausch über neue Formen von Anbetung in Pfarreien und geistlichen Gemeinschaften machte deutlich: Es geht nicht um eine angeblich mittelalterliche Schaufrömmigkeit. Bischof Oster kündigte eine konkrete Aktion für sein Bistum an: Er übergab eine aus Holz gefertigte Monstranz, die durch die Pfarreien seines Bistums wandern soll. Diese Monstranz in Flammenform erinnert an den brennenden Dornbusch. Mose fragt die Stimme aus dem Dornbusch: „Wer bist du?" Die Stimme antwortet: „Ich werde mit dir sein", ich, der Unsichtbare, Unbegreifliche!

Der brennende Dornbusch – Gegenwart des Verborgenen

„Der Name Jahwe, das Tetragramm JHWH, besagt das, was der brennende Dornbusch zeigt: Wie das Volk Israel in Ägypten ganz unten angekommen war, so war auch Gott von seinem hohen Thron herabgestiegen und hatte im niedrigsten aller Wüstengewächse Platz genommen. Wie Israel hinter Stacheldraht gefangen war, so war Gott mit ihm im Dornenverhau" (Daniel Krochmalnik).

Die Flamme des Feuers ist für Mose das Zeichen für die Anwesenheit Jahwes; davor geht er in die Knie. Für uns Christen ist das eucharistische Brot dieses Zeichen, vor dem wir in die Knie gehen. Der Gläubige darf dabei genauso fragen: „Gott, wer bist du? Und wer bin ich?" Wie bei Mose gehört dazu das In-die-Knie-Gehen. „Das Niederknien vor der Eucharistie ist ein Bekenntnis der Freiheit. Wer vor Christus niederkniet, kann und darf sich vor keiner noch so starken irdischen Macht niederwerfen" (Père Florian Racine in Altötting).

Anbetung als Antwort auf die Gottesfrage heute

Die „Sehnsucht nach dem ganz Anderen" oder eher „die Furcht, dass es diesen Gott nicht gebe" (Max Horkheimer), ist Zeichen der Moderne. Sie wird für den Glaubenden beantwortet mit dem Gottesnamen, der in der Bibel im Futur konjugiert wird: „ER wird da sein", als lebendiges Wesen, als Zukunft der Hoffnungslosen.

Martin Walser lässt in seinem neuen Roman („Mädchenleben oder Die Heiligsprechung. Legende", 2019) seine Protagonistin Sirte sprechen: „Sagen Sie allen: nirgends ist, was uns fehlt, genauer ausgedrückt als in Gott." Und an anderer Stelle bekommt das Mädchen zur Antwort: „Wir müssen den Mut haben, das Unbegreifliche zuzugeben." Zum Schluss zitiert das Mädchen den heiligen Augustinus: „O Feuer, das immer lodert und nie erlischt, o immer brennende Glut, die nie erkaltet, entzünde mich, damit ich in deiner Liebe nur dich allein liebe."

Eucharistische Anbetung in einer postsäkularen Gesellschaft

„Das Katholische hat eine Religiosität der Praktiken, die einleuchten, die einen über Schwellen gehen lassen. [...] Die postsäkulare Gesellschaft ist eine extrem spirituelle Gesellschaft. Der große Vorteil der Kirche ist, dass sie eine Rationalisierung dieser wabernden Spiritualität vornehmen kann. Die Rationalisierung der Magie ist die große Leistung der Kirche" (Heinz Bude).[1]

Einer der großen Meister dieser Rationalisierung ist Thomas von Aquin, mit dem tiefen Eucharistie-Hymnus „Adoro te devote – Gottheit tief verborgen".

Im Ingolstädter Liebfrauenmünster wurde beim wöchentlichen Donnerstagsamt (gestiftet 1429) dieser Hymnus zur eucharistischen Prozession nach der Kommunion gesungen, mit allen Strophen (GL 497). Es ist das mich bis heute prägende Gebet für jede eucharistische Anbetung.

Jesus, den verborgen jetzt mein Auge sieht,
stille mein Verlangen, das mich heiß durchglüht:
Lass die Schleier fallen einst in deinem Licht,
dass ich selig schaue, Herr, dein Angesicht.

---

1 Volker Resing, „Der Kern des Katholischen ist und bleibt magisch". Ein Gespräch mit dem Soziologen Heinz Bude, in: Herder Korrespondenz 10 (Oktober 2019), 20.

„Tut dies zu meinem Gedächtnis"

Michael Wohner

Mit diesen Worten hat Jesus am Abend vor seinem Leiden, am Abend, an dem er ausgeliefert wurde und sich aus freiem Willen dem Leiden unterwarf, in der Nacht, da er verraten wurde, seinen Jüngern den Auftrag gegeben, seine in dieser Feier unter den Zeichen von Brot und Wein vorweggenommene Hingabe am Kreuz zu feiern als vergegenwärtigendes Gedächtnis seiner Liebe.

Erinnerung

Wenn mit den Worten von Papst Franziskus jeder Gläubige grundsätzlich ein Erinnerungsmensch ist, weil man im Glauben nur „rückwärts vorankommt" und sich der Glaube eben wesentlich aus der „Erinnerung" an Gottes Heilshandeln im Großen wie im Kleinen, in der Geschichte des Volkes Gottes wie im persönlichen Leben speist, dann ist es gewiss sinnvoll, beim Nachdenken über den persönlichen Zugang zur Eucharistie auch immer wieder den eigenen Lebens- und Glaubensweg nachzugehen und sich so der persönlichen Heilsgeschichte bewusst zu werden. In einem solchen Rückblick kann klarer aufscheinen, wie nicht nur die Kirche aus der Eucharistie lebt, sondern wie sich auch das persönliche Leben aus dieser Quelle speist und auf die Messfeier als Tageshöhepunkt zuläuft.

Persönlich kann ich es im Rückblick nur als großes Geschenk betrachten, dass der Besuch der Sonntagsmesse für mich von Kindesbeinen an etwas Selbstverständliches war. Faszinierten mich als kleineres Kind noch eher äußere Elemente wie das Kirchengebäude, die Bilder und Statuen, die Riten und symbolischen Handlungen, so wuchs mit der Zeit auch das Interesse und die Neugier dafür, was durch diese Riten und symbolischen Handlungen seinen Ausdruck findet.

Sprechende Zeichen

Papst Johannes Paul II. formulierte in seinem Apostolischen Schreiben „Mane nobiscum Domine" (Nr. 14) zum Jahr der Eucharistie (7. 10. 2004) mit Blick auf den inneren Zusammenhang von Wortgottesdienst und Eucharistiefeier im engeren Sinn:

> *„Wenn einmal der Verstand erleuchtet und das Herz erwärmt ist, dann ‚sprechen' die Zeichen. Die Eucharistie vollzieht sich ganz im dynamischen Kontext von Zeichen, die eine dichte und helle Botschaft in sich tragen. Durch die Zeichen öffnet sich in gewisser Weise das Geheimnis dem Auge des Glaubenden."*

Gewiss lässt sich diese Aussage erweitern und auf das Gesamt des Lebens übertragen. Dann gilt: Die Eucharistiefeier ist „langweilig", wenn ich die Fähigkeit eines Kindes zum Staunen verloren habe; sie ist „langweilig", wenn ich sie als einen äußeren Ritus, als eine Abfolge von Gesten und Handlungen aus einer anderen Zeit und Welt erlebe; sie ist „langweilig", wenn die Zeichen nicht sprechen.

Ich bin dankbar für die Menschen, die mir geholfen haben, den Verstand zu erleuchten und das Herz zu erwärmen, die mich auf meinem Glaubens- und Lebensweg begleitet haben und es noch immer tun: meine Familie, Geistliche und kirchliche Mitarbeiterinnen und Mitarbeiter, Freunde und Bekannte, die Gläubigen, denen ich als Priester begegnen durfte, insbesondere auch so manche alte und kranke Menschen, denen ich Christus in der Krankenkommunion bringen durfte und die mich durch ihre Sehnsucht nach Christus in der Kommunion nicht nur respektvoll beschämt, sondern auch beeindruckt und im eigenen Glauben vorangebracht haben; ich bin dankbar für die verschiedenen Erfahrungen, die ich im Raum der Kirche, gerade auch während der Zeit des Theologiestudiums, machen durfte – in der intellektuellen Auseinandersetzung, etwa mit den lehramtlichen Schreiben über die Eucharistie, die während dieser Jahre veröffentlicht wurden,[1] ebenso wie durch die Möglichkeit, verschiedene Riten und Formen der Eucharistiefeier aus dem großen Reichtum der liturgischen Tradition der Kirche kennenzulernen.

So entstand mit der Zeit eine Ahnung davon, was der Mailänder Kardinal Carlo Maria Martini – vom berühmten Schriftsteller Umberto Eco mit dem Vorwurf konfrontiert, die Kirche gehe zu wenig auf die Bedürfnisse heutiger Menschen ein – mit seiner Aussage meinte: „Die Kirche befriedigt nicht Bedürfnisse. Sie feiert Geheimnisse."

Emmaus

Seit der Zeit meines Studiums begleitet mich auch die Erzählung von den Emmaus-Jüngern aus dem Lukasevangelium (Lk 24,13–35), die von Anfang an von der Kirche auch als Eucharistiekatechese verstanden wurde. Mir sagt dieser Schrifttext immer wieder: Gottesbegegnungen sind nicht „machbar", und wenn sie uns geschenkt werden, dann können wir sie nicht festhalten; oft sind sie erst im Rückblick als solche erkennbar:

---

[1] Dies waren die sehr persönlich geprägte „Enzyklika Ecclesia de eucharistia" über die Eucharistie und ihre Beziehung zur Kirche des inzwischen heiliggesprochenen Papstes Johannes Paul II. (17. April 2003), dessen bereits zitiertes Apostolisches Schreiben „Mane nobiscum Domine" sowie die Instruktion „Redemptionis sacramentum" der Kongregation für den Gottesdienst und die Sakramentenordnung über einige Dinge bezüglich der heiligsten Eucharistie, die einzuhalten und zu vermeiden sind (25. März 2004).

"Da wurden ihre Augen aufgetan und sie erkannten ihn; und er entschwand ihren Blicken. Und sie sagten zueinander: Brannte nicht unser Herz in uns, als er unterwegs mit uns redete und uns den Sinn der Schriften eröffnete?" (Lk 24,31–32)

Ja, Glaube lebt von der lebendigen Erinnerung an das Heilshandeln Gottes im Großen wie im Kleinen, in der Geschichte des Volkes Gottes wie im persönlichen Leben: „Tut dies zu meinem Gedächtnis."

Was für ein Geschenk ist es, dass mit den Worten des heiligen Papstes Johannes Paul II. der „göttliche" Wanderer uns auf den Straßen unserer Fragen und unserer Unruhe, zuweilen unserer tiefen Enttäuschungen weiterhin Gefährte sein möchte:

„Auf die Bitte der Jünger von Emmaus, ‚bei' ihnen zu bleiben, antwortet Jesus mit einem viel größeren Geschenk: Durch das Sakrament der Eucharistie fand er Gelegenheit, ‚in' ihnen zu bleiben. Die Eucharistie empfangen bedeutet in tiefe Gemeinschaft mit Jesus eintreten. ‚Bleibt in mir, dann bleibe ich in euch' (Joh 15,4). Diese Beziehung eines zuinnersten, wechselseitigen ‚Verbleibens' erlaubt uns in gewisser Weise, den Himmel auf der Erde vorwegzunehmen. Ist dies nicht das größte Verlangen des Menschen? Ist es nicht das, was Gott sich vorgenommen hat in der Verwirklichung seines Heilsplans in der Geschichte? Er hat in das Herz des Menschen den ‚Hunger' nach seinem Wort gelegt (vgl. Am 8,11), einen Hunger, der nur in der vollen Einheit mit ihm gestillt werden wird. Die eucharistische Gemeinschaft ist uns geschenkt, um uns auf dieser Erde an Gott zu ‚sättigen' in Erwartung der vollen Befriedigung im Himmel." (MND Nr. 19)

Jede Begegnung mit Christus in der Eucharistie – bei der sonntäglichen oder sogar täglichen Eucharistie, bei jedem kurzen Besuch des gegenwärtigen Herrn im Tabernakel, beim längeren Verweilen in der Anbetung als „verweilendem Empfangen" (Ludwig Mödl) – ist zugleich eine Einladung, dankbar zurückzuschauen und hoffnungsvoll nach vorne, ist eine Einladung, dem Herrn im Hier und Heute die eigenen Anliegen und die der Menschen, die einem am Herzen liegen, hinzuhalten. Die Beziehung zu Jesus Christus im Sakrament der Eucharistie ist genauso wie eine zwischenmenschliche Beziehung ein lebenslanger Prozess, der sich entwickelt, der wächst, auch indem immer wieder neu um ihn gerungen wird.

Mich persönlich erfüllt es mit größter Dankbarkeit, in Gehorsam gegenüber dem Auftrag des Herrn jeden Tag die Feier seines Gedächtnisses für und mit den Gläubigen vollziehen zu dürfen. Und ich kann den Herrn nur bitten, dieses Geheimnis immer tiefer verstehen lernen zu dürfen – jedes Mal, wenn ich in seiner Person sprechen darf: „Tut dies zu meinem Gedächtnis."

Biografisch-spirituelle Zugänge

Eucharistie – ein lebensbegleitendes Sakrament

Marco Benini

Die Eucharistie ist das Sakrament, das ein gläubiger Katholik heute in der Regel am häufigsten empfängt. Es begleitet durch die verschiedenen Stationen des Lebens. Da dieser Beitrag explizit persönlich gehalten sein soll, ist er biografisch aufgebaut: von meiner Erstkommunion im Ingolstädter Münster bis heute. Indem ich hier einige meiner Erinnerungen teile, werden zugleich etliche Aspekte der Eucharistie berührt, die deutlich machen, warum die Eucharistie für die Kirche zentral und für den Einzelnen so wertvoll ist.

Dein bin ich

Bei der Erstkommunionvorbereitung 1991 hatte uns der Pfarrer (Münsterpfarrei Ingolstadt) ein Gebet nahegelegt, das wir beim Zeigen der konsekrierten Hostie und des Kelches leise beten können: „Jesus, dir leb ich, Jesus, dir sterb ich; Jesus, dein bin ich im Leben und im Tod." Obwohl sich mir die Bedeutung dieses Satzes erst nach und nach erschloss, hat mich die Tiefe dieses Gebetes berührt, so dass ich es auch heute immer wieder still an dieser Stelle bete. Während in der inneren Mitte des Hochgebets, im Einsetzungsbericht, die Lebenshingabe Christi am Kreuz („mein Leib – hingegeben für euch" / „mein Blut – vergossen für euch") vergegenwärtigt wird, führt dieses Gebet in eine Haltung ein, die diesem Geschehen zutiefst angemessen ist: die Antwort mit der eigenen Hingabe. Ihm, der sich im Leben und im Tod für uns hingegeben hat, gehören wir, folgen wir und sind so vereint mit seinem Sterben und Auferstehen. Wie passend fasst die Akklamation beim „Geheimnis des Glaubens", die nun Christus selbst adressiert, das Geschehen der Eucharistie zusammen: „Deinen Tod, o Herr, verkünden wir, und deine Auferstehung preisen wir, bis du kommst in Herrlichkeit" (vgl. 1 Kor 11,26).

Ein Leib und *ein* Geist in Christus

Die Firmung in St. Moritz (Ingolstadt) war für meinen Glaubensweg bedeutsam. Es waren vor allem die Früchte der Firmung, über die ich rückblickend dankbar staune: Als Ministranten hatten wir einmal am Werktag (für mich am Samstag) und natürlich am Sonntag zu ministrieren. Doch in den Wochen nach der Firmung begann ich, mehrfach auch an den anderen Werktagen vor der Schule bei der 7-Uhr-Messe im Münster zu ministrieren. Bis zum Sommer ging ich täglich zur Messe. Als mein Bruder Francesco für eine Woche nicht die Mesnervertretung im Münster während der Sommerferien übernehmen konnte, habe ich mich dafür angeboten. Ich hatte eine solche Freude an diesem „Ferienjob", den ich dann seitdem jedes Jahr übernahm, dass die tägliche Messe zur festen Gewohnheit wurde. Dahinter steht ein wichtiger Gedanke: Heiliger Geist und Eucharistie gehören tief zusammen. In der Epiklese über den Gaben von Brot und Wein erbitten wir die wandelnde Kraft des Geistes. „Denn was der Heilige Geist berührt, ist völlig geheiligt und verwandelt", sagt der heilige Cyrill von Jerusalem († 386; Mystagogische Katechesen 5,7). Weniger im Bewusstsein ist, dass in jedem eucharistischen Hochgebet der Geist auch auf die Teilnehmer herabgerufen wird. So heißt es etwa im Dritten Hochgebet: „[…] erfülle uns mit seinem Heiligen Geist, damit wir *ein* Leib und *ein* Geist werden in Christus." Die Eucharistie zielt in der Kraft des Geistes nicht nur auf die Wandlung der Gaben, sondern auch auf unsere eigene Wandlung, immer mehr Christus ähnlich zu werden.

Mit uns auf dem Weg

Als Ministrant nahm ich jeden Donnerstag an der eucharistischen Prozession teil, die im Münster seit 1429 stattfindet. So ging mir der Gesang „Gottheit tief verborgen, betend nah ich dir" des heiligen Thomas von Aquin († 1274) in Fleisch und Blut über (GL 497). Im Laufe der Zeit begann ich auch die Bedeutung zu verstehen. Immer wenn die Prozession beim großen Kreuz im Münster vorbeikam, sang man „Denkmal, das uns mahnet an des Herren Tod". Erst dachte ich mir, wie dieser Gesang zum Kirchenraum passt, bis ich verstand, dass damit die Eucharistie gemeint war und nicht das große Kreuz. Dieser Hymnus zeugt von der persönlichen Ergriffenheit des Verfassers. Was Thomas etwa in seiner Summa theologiae (III, 73–83) argumentativ dargelegt hat, fließt hier in poetischer Schönheit in die heutigen Beter ein. Thomas verbindet hier – wie die Eucharistie selbst – drei Zeitebenen: das Damals (Tod und Auferstehung Christi) mit dem Heute des Beters („Jesus, den verborgen *jetzt* mein Auge sieht") und dem Ausblick in die Ewigkeit („lass die Schleier fallen *einst* in deinem Licht, dass ich selig schaue, Herr, dein Angesicht"). Jede eucharistische Prozession – besonders deutlich an Fronleichnam – zeigt: Der auferstandene Christus geht mit auf unseren Wegen und wir mit ihm. Es ist ein Weg, so der Hymnus, der einmündet in die ewige Freude des Himmels. Die Eucharistie ist das Sakrament des Lebensweges.

Brot des Lebens

Als ich zum Priester geweiht wurde, änderte sich auch die Rolle in der Feier der Eucharistie, da der Priester Christus selbst die Stimme leiht und seine Worte aus dem Abendmahlssaal spricht.

Es sind wirksame Worte, wie der heilige Ambrosius († 397) betont: „Der Herr gab einen Befehl, und die ganze Schöpfung wurde hervorgebracht (vgl. Gen 1). Du siehst also, wie wirkmächtig das Wort Christi ist. Wenn also im Wort des Herrn Jesus solche Kraft enthalten ist, dass entstehen konnte, was vorher nicht war, um wieviel mehr kann es dann bewirken, dass etwas bleibt, was es war, und es gleichzeitig in etwas anderes gewandelt wird. […] Vor der Konsekration war es nicht der Leib Christi, aber nach der Konsekration, so versichere ich dir, ist es nunmehr der Leib Christi. Er selbst hat gesprochen und so entstand es" (Über die Sakramente 4,15 f.). Damit wird deutlich: Christus ist der eigentliche Hauptzelebrant. Durch das Hochgebet und das Wirken des Geistes wird Christus wahrhaft gegenwärtig in den konsekrierten Gestalten von Brot und Wein. Er selbst gibt sich so zur Speise. Wie unser Körper Nahrung braucht, damit er wirken kann, so braucht auch unsere Seele, unsere christliche Existenz das Brot des Lebens, das – wie Jesus in der Brotrede von Kafarnaum betont – „wirklich eine Speise" ist, und sein Blut, das „wirklich ein Trank" ist (Joh 6,55).

Daher ist die Kommunion der persönlichste Höhepunkt der Messfeier. An dieser Stelle wechselt die Liturgie vom Wir im Hochgebet und im Vater*unser* zum Ich: „Herr, *ich* bin nicht würdig …" (vgl. die Worte des Hauptmanns in Mt 8,8). Die Kommunion ist das persönliche Einssein mit dem Herrn, bei dem Dank und Bitte, Lob und Klage Platz haben. In einem persönlichen Gespräch mit Christus, der in uns eintritt, können wir die Woche oder den Tag „durchgehen", ihm Sorgen anvertrauen oder für Gelungenes danken. Während vieles in der Liturgie vorgegeben ist, ist genau hier der Raum für das individuelle Zwiegespräch. Dieses innige Verbundensein mit Christus war wohl der tiefste Grund, warum mir die tägliche Messe so wichtig geworden war und natürlich bis heute ist. Es gibt eine einzige Sache, die ich seit meiner Priesterweihe vermisse: nun nicht mehr die intensive Gebetszeit unmittelbar nach der Kommunion zu haben, weil der Priester zur Kommunionausteilung übergeht (freilich kann dies an anderer Stelle nachgeholt werden).

Du wirst verwandelt werden

Zwei Gedanken des heiligen Augustinus († 430) sind mir in diesem Zusammenhang wichtig geworden. In seinen Bekenntnissen berichtet er von einem Wort, das Christus ihm bezüglich der Kommunion geschenkt hat: „Wachse und du wirst mich genießen. Nicht wirst du mich in dich verwandeln wie die Speise deines Fleisches, sondern du wirst verwandelt werden in mich" (Conf. VII, 10, 16). Auch wenn es äußerlich so aussieht, dass wir in der Kommunion Christus in uns aufnehmen wie eine andere Speise, ist er doch stets der Größere, der uns in sich hineinnimmt und einfügt in seinen Leib, der die Kirche ist. So ist Kommunion immer mehr als eine „Jesus und ich"-Beziehung. Sie verbindet uns mit allen, die ebenso Christus empfangen und in ihn aufgenommen werden.

Ein anderes Predigtwort des Augustinus hat mir diese Perspektive gezeigt. Als er über das Begleitwort zur Kommunionspendung „Der Leib Christi" sprach und betonte, dass unser „Amen" wahr sein muss, führte er tiefsinnig aus: „Seid, was ihr seht, und empfangt, was ihr seid: [Leib Christi]" (Sermo 272).

Anbetung

In meiner Zeit als Kaplan in Neumarkt hatten wir jeden Sonntag eine stille Anbetung nach der Abendmesse. Die Anbetung ist wie ein verlängertes Gebet nach der Kommunion. Diese Gebetszeit diente nicht nur dem Einzelnen, sondern wurde auch für die Pfarrei fruchtbar. Denn alle pastoralen Initiativen wie den Alphakurs für die Jugend und dann auch für die Erwachsenen und ähnliche Dinge begannen wir damit, sie dem Gebet der Anbetungsgruppe anzuvertrauen. Bei der Anbetung für Jugendliche hatten wir eingeführt, dass nach einer gewissen Zeit des Lobpreises jeder einzeln nach vorne geht und vor dem eucharistischen Herrn in der Monstranz eine Zeit lang auf der

Altarstufe niederknien konnte. Währenddessen haben die anderen für sie/ihn gebetet.

Während meiner weiterführenden Studien konzelebrierte ich normalerweise einmal die Woche im Collegium Orientale in Eichstätt bei der Göttlichen Liturgie im byzantinischen Ritus. Meine „Lieblingsstelle" der Chrysostomus-Liturgie ist der sogenannte Cherubikon-Hymnus, bei dem die Engel (Cherubim) hervorgehoben werden: „Wir stellen auf geheimnisvolle Weise die Cherubim dar und singen der lebenspendenden Dreifaltigkeit den Lobgesang des Dreimal-Heilig. Lasst uns jede irdische Sorge ablegen, um den König des Alls zu empfangen, den Engelscharen unsichtbar geleiten. Alleluja. Alleluja. Alleluja."

Mit anderen Worten sagt dieser Hymnus: Wir nehmen in der Feier der Eucharistie wie auch die Engel am Lobpreis vor dem Thron Gottes teil. Wenn wir die Messe feiern, stehen wir vor dem Angesicht Gottes. In der byzantinischen Liturgie ist die Vorstellung, dass die Liturgie auf Erden an der Liturgie der Engel und Heiligen partizipiert, ja die himmlische in die irdische Liturgie einbricht, deutlicher ausgeprägt als im Westen. Freilich ist dies auch in der römischen Messe präsent. Wenn es etwa in der Präfation heißt: „Erhebet die Herzen" und wir standardmäßig antworten: „Wir haben sie beim Herrn", soll sich genau diese Verbindung mit der Liturgie des Himmels ereignen. Daher singen wir, wie die Präfation formuliert, „mit allen Engeln und Heiligen" das Sanctus („Heilig, heilig, heilig") – ein Gesang, den nach der Vision des Jesaja (6,3) und der Offenbarung des Johannes (4,8) die Engel im Himmel erklingen lassen. Wir schließen uns gleichsam den Engeln an. Ähnliches gilt für den Gesang, den die Engel bei der Geburt Christi auf die Erde brachten: das Gloria (vgl. Lk 2,14). Im Ersten Hochgebet heißt es ausdrücklich: „Dein heiliger Engel trage diese Opfergabe auf deinen himmlischen Altar vor deine göttliche Herrlichkeit; und wenn wir durch unsere Teilnahme am Altar den heiligen Leib und das Blut deines Sohnes empfangen, erfülle uns mit aller Gnade und allem Segen des Himmels." Nicht umsonst werden die Gottesmutter Maria, der heilige Josef und die Heiligen immer im Hochgebet genannt, denn bei der Feier der Liturgie treten Himmel und Erde, Gott und Mensch zusammen.

Geistige und geistliche Nahrung

Ein letzter biografischer Punkt: Im Wintersemester 2019/2020 durfte ich in Washington die Eucharistievorlesung für 35 Priesteramtskandidaten halten. Bei drei Stunden pro Woche konnte man in die Tiefe dieses wunderbaren Sakramentes gehen: von den biblischen Grundlagen des Letzten Abendmahls über die geschichtliche Entfaltung der Eucharistiefeier bis zu einer detaillierten Durchdringung der heutigen Messe. Hinzu kam jeweils ein Blick auf die katechetische Erklärung der Messe von den Kirchenvätern über die Konzilien bis zu heutigen, lesenswerten Dokumenten der Päpste wie „Ecclesia de eucharistia" (Die Kirche lebt von der Eucharistie) vom heiligen Johannes Paul II. oder „Sacramentum caritatis" (Sakrament der Liebe) von Papst Benedikt XVI. Viele Studenten sagten mir – und ich will dies den Lesern dieses Buches als Ermunterung mitgeben –, dass die theologische Beschäftigung mit der Eucharistie ihre Teilnahme an der Messfeier bereichert und sie bewusster und fruchtbarer gemacht hat.

Rückblickend kann ich sagen, dass mich die Eucharistie durch das Leben getragen hat. In ihr wurde und wird Christus zur Speise für die täglichen Aufgaben. Seine Gegenwart war und ist Trost und Ermutigung, Geschenk und Ansporn, Quelle der Zuversicht und Freude. Die Eucharistie ist in der Tat ein lebensbegleitendes Sakrament – oder, wie es das II. Vatikanische Konzil formuliert hat: „Quelle und Höhepunkt des ganzen christlichen Lebens" (LG 11).

Messe feiern

Adolf Bittschi

Zugang

Meine Erstkommunion ist mir bis heute unvergesslich, und auch die Vorbereitung dazu durch Pfarrer Karl Wittmann in Kipfenberg: Es war meine erste Bekehrung (als Kinder hatten mehrere von uns geraucht! Damals etwas Unerhörtes; jeder Erwachsene, der uns damals erwischt hätte, hätte uns eine gehörige Ohrfeige verpasst). Unvergesslich sind auch meine erste Beichte und das glückliche Gefühl der Befreiung und Erleichterung. Einschneidend für mein Leben war eine weitere Beichte, in der ich mein Berufungserlebnis hatte. (Heute freue ich mich, dass Papst Franziskus seine Berufung zum Priester ebenfalls in einer Beichte verspürte.) Später dann, in meiner Gymnasialzeit in Eichstätt, erfüllte sich mein sehnlichster Wunsch, Ministrant zu sein; erst nur bei der Schülermesse zweimal die Woche mit Gymnasialprofessor Anton Strasser in der Borgiaskapelle. Dann wurden wir „Stadtbuben" in den Ferien als Ersatz für die Seminaristen und Alumnen in der Schutzengelkirche gebraucht. Während des Studiums wurde ich zum Mesner im Alumnat und zum bischöflichen Zeremoniar bei Bischof Alois Brems ernannt, da ich nicht zum Chor taugte und während der Ferien als Eichstätter zu den Pontifikalämtern einfach da war. Rückblickend auf meine inzwischen 42 Jahre als Priester darf ich sagen, dass ich mit ganz wenigen Ausnahmen bisher täglich die heilige Messe gefeiert habe.

In den Bergen der bolivianischen Anden feierte ich die heilige Messe als Landpfarrer bei den Gemeindebesuchen oft unter einfachsten Verhältnissen, die mich an den Stall von Bethlehem denken ließen. Die lebendige Teilnahme unserer einfachen Leute wog die klare und feierliche Form der Eucharistiefeier, die ich vor allem von meiner Heimatpfarrei im Dom zu Eichstätt gewohnt war, auf.

Der Morgen der Auferstehung

Ich zelebriere lieber in der Frühe am Morgen, auch bei Exerzitien. Meist gelingt es mir, die Teilnehmer zu überzeugen, aber nicht immer. Mit dem Klerus von Sucre hatten wir bei hochsommerlichen Temperaturen Exerzitien im Tiefland in Santa Cruz (der Prediger konnte aus gesundheitlichen Gründen nicht zu uns in die Höhe auf 2750 m kommen). Mein Vorschlag war, am Morgen mit Laudes und heiliger Messe zu beginnen. Ich wurde überstimmt. So feierten wir am ersten Tag am Abend, dann aber kam ein Einsehen. Wegen der Hitze wollten dann doch die meisten am kühleren Morgen zelebrieren. Dabei geht es mir jedoch nicht um das Angenehmere, sondern um den Inhalt der Eucharistiefeier, die Vergegenwärtigung des Kreuzestodes und vor allem der Auferstehung Christi am Morgen. Ich beobachte, dass durch die mögliche Feier der Eucharistie am Abend viele Gläubige, auch Priester und sogar Bischöfe meinen, dass es bei der Feier der heiligen Messe in erster Linie um das Abendmahl geht. Das Abendmahl Jesu war die Einsetzung der Eucharistie, und ohne Einsetzung der Eucharistie gäbe es diese nicht. Wäre der Tag der Einsetzung der entscheidende Tag, müssten wir jeden Donnerstag in der großen Gemeinschaft die Eucharistie feiern. Das tun wir ja seit dem 2. Jahrtausend einmal im Jahr an Fronleichnam; aber eben nur einmal.

Der für uns Katholiken wichtige Inhalt der heiligen Messe als Opfermahl kann die Gedanken auf den Freitag, als Tag der „Memoria" der totalen Hingabe Jesu aus Liebe bis zum Äußersten im Tod am Kreuz, lenken. Wäre also der Freitag der wichtigste Tag, so wie es ja bei unseren getrennten Geschwistern im Glauben der Fall ist, müssten wir freitags zusammenkommen. Schon allein die Tatsache, dass sich die ersten Christen am ersten Tag der Woche, also dem Sonntag (im Spanischen „domingo" vom Lateinischen „dies dominicus"), zur Feier der Eucharistie versammelten, sollte genügen, um klarzustellen, dass der Inhalt der Eucharistie zwar die Vergegenwärtigung des Abendmahles und des Todes Jesu, vor allem jedoch und zentral die *Auferstehung Jesu* feiert; die Überwindung des Schlimmsten, was uns passieren kann, nämlich des Todes.

Gebet und Stille

Wichtig für mich ist die Vorbereitung der heiligen Messe, vor allem der Ansprache. In Bolivien predigen wir in jeder heiligen Messe. Zur Vorbereitung und Einstimmung vor der Zelebration gehört für mich auch ein entsprechendes Gebet. Ich benütze gern dasjenige des heiligen Thomas von Aquin, das in unserem bolivianischen Messbuch im Anhang steht, und dazu eine Bitte an die „Santisima Virgen Maria". Ein von Papst Benedikt XVI. angemahntes Element in der heiligen Messe ist die Stille an mehreren Stellen: nach der Einladung zum Schuldbekenntnis und nach der jeweiligen Gebetseinladung der drei priesterlichen Amtsgebete.

Dazu kommen die „stillen Gebete", die der Zelebrant leise für sich spricht: vor der Verkündigung des Evangeliums, beim Eingießen von Wein und Wasser in den Kelch, nach dem Begleitgebet über den Kelch, bei der Händewaschung, beim Brechen des Leibes Christi (der Priester senkt ein kleines Fragment der Hostie in den Kelch und vereinigt so Leib und Blut Christi), vor der Kommunion, dann bei der Kommunion selber jeweils von Leib und Blut Christi und schließlich nach der Kommunionausteilung bei der Purifizierung der Patene und des Kelches. Diese Gebete helfen mir, das Geheimnis zu vertiefen.

Dann die Danksagung in Stille nach der Kommunion. Dazu ein Gebet. Schon seit meiner Erstkommunion bete ich: „Siehe, o guter und lieber Jesus …" In meiner Studienzeit kam dann „Seele Christi" vom heiligen Ignatius von Loyola dazu. Vorbild für mehrere Minuten der Danksagung nach der Zelebration waren mir seit der Ministrantenzeit in der Schutzengelkirche der Regens und die Professoren der Theologischen Fakultät. Das Gebet „Alma de Cristo" bete ich in Bolivien nach einer Stille gern mit den Gläubigen gemeinsam.

Verwandlung

Die Eucharistie ist das höchste und dichteste Sakrament der Gegenwart Gottes. Wir empfangen die höchsten Gaben. Aber Vorsicht: Sie wollen uns verwandeln! Wir empfangen
- a) Christus, das Wort Gottes, durch das alles geschaffen wurde (Gen 1) und das Fleisch wurde (Joh 1), und der durch sein Wort Sünder zu Heiligen bekehre.
- b) Christi Leib und Blut, das uns mit Gott vereint.

Die natürlichen Speisen werden durch den Stoffwechsel in Kraft und Wachstum umgesetzt. Bei der heiligen Eucharistie geht das umgekehrt: Wir empfangen den Leib Christi, um immer mehr Leib Christi zu sein (vgl. 1 Kor 12,27; Augustinus).

Vom Schauen zum Glauben

Werner Christoph Brahtz CO

Der ungewöhnliche Leitfaden für die Gedanken zur Eucharistie folgt einer einfachen persönlichen Erfahrung.

Bleibe bei mir

Sie beginnt bei meiner Erstkommunion im Mai 1971, die in einer der beiden Kirchen meiner Heimatgemeinde stattfand. In der ehemaligen Klosterkirche durften die Jungen auf der einen Seite, die Mädchen auf der anderen Seite des Hochchores sitzen, wo bis 1802 die Mönche jahrhundertelang ihr Gotteslob angestimmt hatten. Mir ist unvergesslich, wie wir in Zweierreihe vor den Hauptaltar traten und ich innerlich ganz sicher wusste, dass Jesus jetzt kommt. Unser Pfarrer hatte uns in der letzten Vorbereitungsstunde eingeladen, ein persönliches Gebet zu Jesus aufzuschreiben und so zu lernen, dass wir es nach dem Empfang der heiligen Kommunion an unserem Platz beten konnten. Das Gebet ist mir so innerlich geworden, dass ich es auch als Priester nach jedem Kommunionempfang bete: „Jesus, danke, dass du zu mir gekommen bist. Jesus, bitte bleibe bei mir. Jesus, darüber freue ich mich sehr."

Zum Lobe Gottes

Gleich darauf konnten wir Kinder uns zum Einsatz im Kinderchor oder als Messdiener melden. Für mich war schon als Kind die Begeisterung für das Singen sehr groß. Mir war von Anfang an klar: Meine Stimme ist mir geschenkt nicht zum eigenen Lob, sondern zum Lob Gottes. Die Kindermesse in der zweiten Kirche meiner Pfarre, in der ich auch getauft worden war, fand jeden Sonntag um 9 Uhr statt. Die Art, wie der Kaplan damals dort am Ambo predigte, beeindruckte mich so sehr, dass ich seitdem den Gedanken nicht mehr loswurde: Das könnte doch auch etwas für dich sein. Damals standen wir mit dem Chor hinter dem Altar in der Apsis, so dass ich in der Regel den Priester auch bei der Predigt zwar nur mit dem Rücken sah. Als er dann aber nach der Wandlung die Hostie und den Kelch hob und ich diese über seinem Kopf sah, wurde mir klar: Jetzt ist Jesus da, die Priesterhände halten ihn nur.

In dieser Kirche wurde ich auch einige Jahre später gefirmt. Danach wuchs mit meiner Begeisterung für das Singen (mittlerweile schon im großen Kirchenchor mit den vielen lateinischen Messen im Choral oder auch mehrstimmig vertont) auch die Begeisterung für das Ministrieren am Altar und die Begeisterung für die Kirche als Gemeinschaft und als Raum. Die alte Abteikirche mit ihrem hochgotischen Chorraum und die gotische Pfarrkirche faszinierten mich: Das muss alles für die Verherrlichung Gottes gebaut sein und dafür, dass die Menschen ihn dort entdecken konnten. Und das vor allem in der heiligen Messe. Der „spätberufene" Messdiener hatte sich, wie alle Neulinge, bei der Frühmesse um 7 Uhr zu bewähren. Das war vor der Schule möglich, weil Wohnung, Kirche und Schule nur wenige Gehminuten auseinanderlagen.

Bald kam ich auch zu den Abendmessen, wo mir ein alter, mir gebrechlich erscheinender Priester begegnete. Er feierte mit großer innerer Sammlung die Messe.

Einsatz für Hilfsbedürftige

Es dauerte nicht lange, bis mir klar war: Hier habe ich eine Aufgabe. Ich muss dem alten Mann helfen.

So entwickelte sich bei dem sonst Pubertierenden eine eigenartige Tageseinteilung: Jeden Tag, am Morgen oder am Abend, ging ich zur Messe, um den alten Priester nicht alleinzulassen. Dabei übernahm ich oft die Lesung, und manchmal durfte ich auch den Antwortpsalm und das Halleluja vorsingen. Danach begleitete ich ihn häufig noch nach Hause. Erst sehr langsam wuchs dann so etwas wie eine intensive Liebe zu Jesus in der Eucharistie. Aber diese war wie immer verbunden mit dem Einsatz für einen Bedürftigen.

Anbetung

Erst mit 16 Jahren begann dann mein wirklich persönliches Beten, welches das Beten in festgefügten Formen und Formeln von innen vertiefte und stärkte. Auch die Grundsehnsucht meines Lebens, Priester zu werden, nahm jetzt eine andere Richtung. Ich dachte nicht mehr: Priester sein, das könnte was für dich sein. Vielmehr hörte ich mich im Gebet sagen: Lieber Gott, könntest du dir vorstellen, dass ich Priester werde? Hand in Hand kam ich in dieser Zeit auch zu dem, was wir eucharistische Anbetung nennen können. In meiner Taufkirche war der Tabernakel ganztägig geöffnet, wenngleich nur eine mit Deckel versehene Hostienschale zu sehen war.

Der liebe Gott führte mich dann nach intensivem Gebet vor dem Allerheiligsten und intensivem Suchen zu jener Erkenntnis, dass mein Eintritt in das Wiener Oratorium seinem Willen entsprach.

Im Mai 1988 empfing ich dort die Priesterweihe, fast auf den Gedenktag meiner Erstkommunion. Die tägliche heilige Messe wurde jetzt von einer ganz besonderen Seite Inhalt meines Lebens. Was ich schon seit meiner frühen Jugendzeit mitfeiern durfte, das durfte ich jetzt im Auftrag Jesu und seiner Kirche selbst täglich feiern. „Herr, lass mich diese heilige Messe so feiern, als wenn es meine erste, letzte und einzige heilige Messe wäre", so lehrte mich einmal ein Bischof die rechte innere Disposition für das, was mir aufgetragen ist. Das bete ich seitdem vor jeder heiligen Messe.

Dank

Die tägliche Begegnung mit dem Herrn in der Eucharistie, Danksagung, prägt mein ganzes geistliches Leben, das von immer neuem Dank erfüllt ist. Es prägt mein Leben, weil mich die Gegenwart des Herrn dann auch außerhalb des heiligen Geschehens immer begleitet. Die Vorbereitung der heiligen Messe mit dem zu verkündenden Wort der Schrift und die Nachbereitung mit dem dankenden Gebet bilden den Rahmen dieses geistlichen Lebens. Darin durfte ich auch die Identität meines Priesterseins und -wirkens erkennen. Zu meinem Kindergebet kam dann noch ein weiteres Gebet, das ich von meinem ersten geistlichen Begleiter, einem Diözesanpriester, hatte lernen dürfen: „Lass mich dich empfangen, o Herr, mit jener Reinheit, Demut und Andacht, mit der dich deine Mutter Maria empfangen hat, mit dem Geist und der Inbrunst deiner Heiligen."

Eucharistie und Diakonie

Wenn ich das frohmachende Wort Gottes in der Messe verkünden darf, prägt das auch mein Wort zu den Menschen. Das muss ein gutes, d. h. nicht gefälliges, sein, das zur Entscheidung hindrängt, das die Lebenswirklichkeit der Menschen erfasst, das eine Verwandlung des anderen hervorbringen kann. Mutter Teresa von Kalkutta wird der Spruch zugeschrieben: „Lass nicht zu, dass du jemandem begegnest, der nicht nach der Begegnung mit dir glücklicher geworden ist." Es ist dieselbe Ordensgründerin der Missionarinnen der Nächstenliebe, die nicht müde wurde zu verkünden: „Wenn du Christus nicht in der Eucharistie erkannt hast, dann wirst du ihn auch nicht in den Ärmsten der Armen erkennen." Auf ihre Anregung hin wurde nicht nur in all ihren Gemeinschaften die eucharistische Anbetung verlängert (bei einer Neugründung einer Niederlassung sprach sie von einem „neuen Tabernakel"). Nach ihrem Besuch bei uns wurde in der Kirche des Oratoriums in Wien zu den Heiligen Sebastian und Rochus die ewige eucharistische Anbetung eingeführt, an der auch ich neben der täglichen Zeit von 45 Minuten stillem Gebet in unserem Oratorium regelmäßig teilnehmen darf.

Ganz alltäglich wurde und wird das für mich beispielsweise durch die Begegnung mit den Kranken und Sterbenden in den Krankenhäusern und auch in den Wohnungen, wo Christus sich oft als der gezeigt hat, in dessen Begegnung die Betroffenen heilende Kraft erfahren konnten. Das zeigte sich nicht einfach in der Heilung aller Krankheiten, aber doch in der Heilung von der Wunde des Verlassenseins. Der Immanuel, der „Gott mit uns", kommt wirklich.

Das Hineinwachsen in das Geschehen am Altar – wir nennen es Mysterium, Geheimnis – hat etwas mit dem Leben Jesu zu tun. In dem, was wir feiern dürfen, ist er gegenwärtig. Das ist zwar ein lebendiger und lebenslanger Prozess. Einzelne Hilfen können diesen jedoch entscheidend stärken.

Schon die erste Wallfahrt in das Heilige Land während meines Studiums beispielsweise hat mich in dieses Leben Jesu unvergleichlich eingeführt. Nazareth, Bethlehem und Jerusalem sind ganz real, Christus ist ganz präsent. Der ewige Gott wird Mensch durch einen Menschen – Maria – und kann so sagen: „Mein Leib hingegeben für euch", der seinem Namen „Jesus" – „Jahwe rettet" ganz entspricht: Der „ICH BIN DER ICH BIN (DA FÜR EUCH) rettet". Wie könnte ein Priester, der die heilige Messe feiert, nur für sich da sein. Sowohl in meiner Gemeinschaft als auch in der Pfarre, Schule u. v. m. gibt es dafür genügend Gelegenheit, sich dieser Herausforderung zu stellen.

Hineingenommen in das Leben Christi

Der ewige Gott lässt sich in Windeln in die irdische Welt tragen. Das weiße Tuch – Korporale –, auf dem bei der Messfeier Schale und Kelch stehen, symbolisiert diese Windeln. Bethlehem – die Stadt des Brotes – und der Futtertrog im Stein der Höhle bei der Geburt Jesu werden in der Hostie sichtbar. Hier liegt einer, der nicht einfach nur irdisches Brot, Nahrung für den Leib, gibt, sondern Lebensnahrung für das ewige Leben der Menschen, das Heil der Seelen. Das ganze Weihnachtsfest wird also auf dem Altar transparent: Die Hirten vor der Stadt des einstigen Hirten David verweisen auf den, der einmal von sich selbst sagt: „Ich bin der gute Hirte." Die Schafe und Lämmer liegen dem zu Füßen, der einmal als das „Lamm Gottes, das die Sünden der Welt hinwegnimmt", bezeichnet wird. Die Gaben der Weisen bekennen, dass der Jesus, den sie mit leiblichen Augen schauen, mehr ist als ein Menschenkind: In der Dreiheit der Gaben bekennen sie schon unbewusst die Dreifaltigkeit, ihr Gold bekennt ihn als den wahren König, ihr Weihrauch bekennt ihn als den wahren Gott, ihre Myrrhe bekennt ihn als den wahren Sieger über den Tod.

Von Bethlehem nach Jerusalem sind es kaum zehn Kilometer, aber für die Heilsgeschichte gibt es weder räumliche noch zeitliche Entfernungen – etwa die 33 irdischen Lebensjahre Jesu bis zu seinem Tod und seiner Auferstehung. Auch diese Zeit wird auf dem Altar aktuelle Gegenwart. Der Altar führt in den Abendmahlssaal von Jerusalem, dessen Erhöhung auf den Berg Golgota, der im aufgestellten Kreuz seinen wahren Gipfel findet. Schließlich verweist das große Leinen, das Altartuch, auf das Grabtuch, das Zeichen für den toten und auferstandenen Christus. Er ist wirklich da: Seine Menschwerdung, sein Leiden und sein Sterben, seine Auferstehung – mit einem Wort seine himmlische Liebe werden real präsent. Die Stellen des Gedenkens für die Lebenden und die Toten beim Tages- und Schlussgebet sowie im Kanon der Messe bieten die Möglichkeit, die dem Priester Anvertrauten Christus ans Herz zu legen. Der aus Liebe am Kreuz gestorben ist und aus Liebe in der Auferstehung Sünde und Tod besiegt hat, wandelt Brot und Wein in seinen Leib und sein Blut und weiß allein zu verwandeln und zu heilen, was verwundet ist. Das erfüllt mein Leben angesichts des oft großen Leides, dem ich begegne im seelsorglichen Einsatz. Darauf vertraue ich. Das verkünde ich.

Bilde unser Herz nach deinem Herzen

„Jesus, demütig und sanftmütig von Herzen, bilde unser Herz nach deinem Herzen!" In diesem kurzen Gebet entdecke ich den Schlüssel für die Begegnung mit Jesus, entdecke ich das Entscheidende in der Begegnung mit Jesus in der heiligen Messe. Der Mensch, nach dem Abbild Gottes geschaffen, will diesem Bild entsprechen und damit dem Herzen des Gottes entsprechen, der ihn geschaffen hat. Und das ist das Herz Jesu, in dem sich uns Gott offenbart. Und zwar durch seine Kirche, die sein Leib ist, wir alle seine Glieder.

So wird die Fragestellung, warum in der heutigen Zeit noch jemand zur Messe gehen sollte, modifiziert: Was erwartet dich und mich, wenn du die heilige Messe mitfeierst? Und die Antwort wird zur Grundentscheidung unseres Lebens. Augustinus sagt nach seiner Bekehrung einmal im Blick auf seinen christlichen Lebensweg: „Werde, was du bist – ein Christ." Die heilige Messe ist das größte Geschenk Gottes an den Menschen, weil er selbst gegenwärtig ist und den Menschen einlädt, mit seiner eigenen Gegenwart ganz Christ zu werden. Oftmals gibt es in unseren Kreisen Stimmen, die vom Priestermangel sprechen. Vielmehr müssen wir vom Mangel an Gläubigen sprechen, und das bedeutet Mangel an Glauben. In unserer technisierten Zeit und Welt erreicht die Kirche den Menschen wohl mehr mit dem, was den Menschen als Ganzes wahrnimmt und dann Gott als den ganz anderen verkündet, der Mensch geworden ist, damit der Mensch der ganz andere wird, einer mit einem himmlischen Ziel, das sich schon auf Erden zeigt in einem Leben aus dem Vertrauen auf Gott.

Als wäre es die erste, letzte und einzige Messe ...

Stefan Killermann

Unter den zahllosen Glück- und Segenswünschen, die ich vor 37 Jahren zu meiner Priesterweihe und Primiz erhielt, war einer, den ich bis heute nicht vergessen habe. Es war der, der mich am meisten beeindruckt hat. Ein Professor an einer päpstlichen Universität in Rom schrieb mir damals: „Ich wünsche Ihnen, dass Sie jede Messe Ihres Lebens so feiern, als wäre sie Ihre erste, letzte und einzige."

Leider muss ich sagen, dass ich diesem Anspruch bisher nicht immer und nur schwer gerecht werden konnte. Nicht jedes Mal, wenn ich die heilige Messe feiere, bin ich in derselben inneren Verfassung. Nicht jedes Mal bin ich gleich gut darauf vorbereitet. Anlass, Umstände und Gestaltung sind oft recht verschieden und berühren mich nicht immer in gleicher Weise. Festliche Hochämter sind beeindruckend, große Eucharistiefeiern mit Tausenden von Gläubigen in einem Stadion Erlebnisse, die man nicht vergisst. Wenn die Gottesdienstbesucher andächtig mitfeiern und die Lieder, die ich ausgesucht habe, kräftig und voll Freude mitsingen, ist die heilige Messe für mich erbaulich und umso schöner. Aber auch stille Messen stärken und erquicken mich immer wieder.

Über Orte und Zeiten hinweg

Es ist eine besondere Erfahrung, an den Gnadenstätten des Heiligen Landes die Eucharistie zu zelebrieren oder am Grab des heiligen Apostels Petrus in den vatikanischen Grotten, vor der Schwarzen Madonna in der Gnadenkapelle von Altötting, auf einem Berg im Freien oder auf einem Schiff, das auf den Wellen des Meeres dahingleitet. Und jedes Mal freue ich mich wieder von Neuem, wenn ich in unserem Eichstätter Dom an den Altar zurückkehren darf, auf dem ich zum ersten Mal das Sakrament des Leibes und Blutes Christi feiern konnte.

So bewegend es aber auch sein mag, an bestimmten Orten, an berühmten Wallfahrtsstätten und anlässlich historischer Ereignisse die heilige Messe zu feiern, so recht hatte doch andererseits ein verstorbener Freund von mir, der fast jeden Tag in einem zur Notkapelle umgestalteten Zimmer zelebrierte. Als er deshalb von einem Mitbruder bedauert wurde, entgegnete er diesem aus tiefster Überzeugung: „Das ist dasselbe, was der Papst im Petersdom tut."

Und wirklich: Die Eucharistie ist dieselbe überall und zu allen Zeiten, sie vermittelt, wenn sie in der von der Kirche vorgesehenen Form gefeiert wird, immer und an allen Orten dieselben Gnaden. Nicht auf die äußeren Umstände kommt es in erster Linie an, sondern auf das Geheimnis, das wir begehen: Gott wird gegenwärtig in unserer Mitte im Kreuzesopfer seines Sohnes. Christus selbst wird lebendig in den Gaben von Brot und Wein. Wir dürfen ihn mit Fleisch und Blut in uns aufnehmen. Nirgendwo anders komme ich ihm so nahe wie im Empfang der heiligen Sakramente. Und kein anderes Sakrament gibt es, durch das ich täglich neu gestärkt werden soll und durch das ich nicht nur eins werde mit dem Herrn, sondern mich auch verbunden wissen darf in ihm mit allen Gliedern seiner Kirche, den lebenden wie den verstorbenen. Gerade weil wir im Sakrament des Altares vereint mit allen Engeln und Heiligen Gott loben und preisen, begehe ich nach Möglichkeit in der heiligen Messe alle Gedenktage und Feste der Heiligen.

Und obwohl das deutsche Messbuch diese Form nicht ausdrücklich vorsieht, weiß ich doch: Auch ohne Volk feiere ich die Eucharistie nie allein. Alle Engel und Heiligen feiern mit mir, und die armen Seelen im Fegfeuer sind ebenfalls dabei.

Gegenwart

Einen wichtigen Gesichtspunkt möchte ich nicht vergessen: Die heilige Messe verbindet mich täglich neu mit Christus. Sie gibt mir Kraft und reiche Gnaden. Aber die Gegenwart des Herrn endet nicht mit dem Segen und dem Entlassruf am Ende der Liturgie. Christus ist und bleibt gegenwärtig im Sakrament des Altares. In allen Kirchen der Welt, in denen zum Zeichen dafür das ewige Licht brennt, ist er im Tabernakel auch weiterhin da. Ich kann zu ihm kommen und bei ihm bleiben. Und um ihn anzubeten und seine Nähe zu erfahren, brauche ich nicht viele Worte zu verlieren. Der Bauer, der vom heiligen Pfarrer von Ars gefragt wurde, was er stundenlang ohne Buch und ohne Rosenkranz mit Blick auf den Altar tue, antwortete bekanntlich: „Ich schaue ihn an, und er schaut mich an. Das ist genug."

Die Gegenwart des Herrn im Tabernakel nicht zu vergessen, scheint mir sehr wichtig. Und ich weiß es zu schätzen, dass ich schon so lang mit dem Herrn unter einem Dach wohnen darf. Im selben Gebäude, in dem ich in Rom untergebracht war, und im selben Haus, in dem ich in Eichstätt wohne, ist Christus Tag und Nacht in meiner Nähe.

Ein solches Privileg haben nicht viele. Nicht alle leben in der Nähe einer Kirche, und nicht an jedem Ort wird täglich die heilige Messe gefeiert. Wo aber jemand an ihr teilnehmen kann, sollte er es auch tun. Wo und wann immer jemand eine Kirche betritt, um wenigstens ein paar Augenblicke lang beim Herrn im Tabernakel zu verweilen, wird das nicht umsonst sein. Die Gegenwart des Herrn hat noch nie einem Menschen geschadet. „Durch dein heilig Fleisch und Blut bleiben wir mit dir verbunden", heißt es in einem Lied von Friedrich Dörr. „Wer an deinem Herzen ruht, hat den besten Freund gefunden. Selig, wer dein eigen ist, Jesus Christ."

In Ewigkeit

Wer die heilige Messe besucht, ist nie einsam und allein, sondern in der großen Gemeinschaft aller Glaubenden in der Kirche getragen und geborgen von dem, der derselbe ist gestern, heute und in Ewigkeit. Wer die heilige Messe in rechter Weise mitfeiert, braucht Tod und Teufel nicht zu fürchten. Wer die heilige Messe im Leben ernst nimmt, darf dann auch teilnehmen am ewigen Hochzeitsmahl im Himmel.

Noch einmal möchte ich zum Abschluss an den heiligen Pfarrer von Ars erinnern, der gesagt hat: „Meine Kinder, es gibt nichts Größeres als die Eucharistie […]. Könnte das Menschenherz alle in der heiligen Kommunion eingeschlossenen Reichtümer ausschöpfen, so benötigte es nichts weiter, um glücklich und zufrieden zu sein […]. Wer die heilige Eucharistie empfängt, verliert sich in Gott wie ein Wassertropfen im Ozean."

Quelle des Lebens

Beda Sonnenberg OSB

Erinnerungen an die Kindheit und Jugend

Meine Kindheit und Jugend verbrachte ich in Neunkirchen am Brand, einem Ort im Süden des Landkreises Forchheim/Ofr.; kirchlich gehört diese Pfarrei zum Erzbistum Bamberg. Prägend für diesen Ort ist die gotische Stiftskirche St. Michael, zu dem ein Augustinerchorherrenstift gehörte, das nach den Wirren der Reformation säkularisiert wurde. Bis zum heutigen Tag ist die geistliche Tradition des Klosters lebendig und bereichert das Leben der Pfarrei.

In meiner Familie war es üblich, am Sonntag in den Gottesdienst zu gehen. Das wurde mir und meinen Brüdern nicht nur von den Eltern eingebläut, sondern auch von den Lehrern in der Schule. Als kleine Kinder saßen wir gewöhnlich neben der Mutter in der Kirche. Waren wir als Ministranten nicht im Dienst, durften wir in Zivilkleidung im Chorgestühl an den Gottesdiensten teilnehmen. Als Jugendliche und junge Erwachsene hatten wir unseren Platz auf der Empore.

In der dritten Klasse wurde ich im Rahmen des Religionsunterrichts auf die Erstkommunion vorbereitet. Während die Parallelklasse durch den Pfarrer vorbereitet wurde, hat meiner Klasse die damalige Klassleiterin den Erstkommunionunterricht erteilt. Weil wir den Pfarrer im Unterricht nicht kennengelernt haben, ist diese Zeit bis zum heutigen Tag immer noch mit etwas Traurigkeit überschattet.

Der Tag der Erstkommunion war der 25. April 1976. Nach altem Brauch wurde am Weißen Sonntag dieser feierliche Tag begangen. Mit über 80 Kommunionkindern, deren Eltern und Verwandten ist es in der Kirche sehr eng geworden. Erinnern kann ich mich immer noch an die Kommunionkerzen; diese mussten nach der Erstkommunion abgegeben werden, da sie als Altarkerzen für den Hochaltar weiterverwendet wurden. Als einzig greifbare Erinnerung an diesen Tag bleibt das Kommunionandenken in Form eines aufgezogenen Bildes, das den heiligen Christophorus zeigt. Auf der Rückseite des Bildes ist ein Zettel aufgeklebt, auf dem zu lesen ist: „Andenken an die erste heilige Kommunion ..."

Nach der Erstkommunion wurde ich, wie bereits meine beiden älteren Brüder, Ministrant. Diesen Dienst übte ich über vier Jahre aus und lernte auf diese Weise den Ablauf der heiligen Messe kennen – ein Schatz, der bis auf den heutigen Tag mein Leben und Denken prägt und der es mir erleichtert, liturgische Abläufe zu gestalten.

Große Tage waren in meiner Heimatpfarrei der Fronleichnamstag, der Flurumgang und der Tag der ewigen Anbetung. Aufgrund der Größe der Pfarrei hatte die Fronleichnamsprozession eine besonders feierliche Gestalt; von Frauen und Männern in fränkischen Trachten wurden große Figuren, wie die heilige Kunigunde und der heilige Heinrich, mitgetragen. Weil so viele Gläubige mitgingen und allen eine lebendige Teilnahme an der Prozession ermöglicht werden sollte, wurde eine Lautsprecheranlage erworben und im Ort installiert, was damals mit einem großen Aufwand verbunden war. Aus diesem Grund war man bestrebt, der Prozession mit Liedern, Gebeten, modernen Texten usw. eine besondere Gestalt zu geben. An der liturgischen Gestaltung war zu erkennen, woraus man lebte und worauf man sehr stolz war.

Da mein Heimatort nach dem Krieg stark gewachsen war, ging der Weg des Flurumgangs bis an die Ortsgrenze und war damit sehr weit. Deswegen hatte die Prozession auch eine andere liturgische Gestalt als die Fronleichnamsprozession; sie war stark vom Rosenkranzgebet geprägt.

Ein ganz eigener Tag war der Tag der ewigen Anbetung. In der Erzdiözese Bamberg ist es üblich, dass an jedem Tag des Jahres immer in einer anderen Pfarrei ewige Anbetung gehalten wird. Die Pfarrei Neunkirchen am Brand übernahm gewöhnlich im Oktober einen Tag. Beginnend mit der frühmorgendlichen Eucharistiefeier bis zur Abendmesse übernahm stündlich ein anderes Dorf der Pfarrei die Anbetung in der Pfarrkirche. Wenngleich die Erinnerung daran nur noch schwach ist, so meine ich, dass dieser besondere Tag mit einer kleinen Prozession feierlich abgeschlossen wurde. Im Übrigen waren in meiner Pfarrei eucharistische Prozessionen monatlich in Übung. Einmal im Monat fand nach dem Pfarramt eine eucharistische Prozession in der Pfarrkirche statt, wobei das Allerheiligste von Bürgermeister und den Marktgemeinderäten begleitet wurde.

Eine besondere Kostbarkeit ist die gotische Monstranz, die gegen Ende des 15. Jahrhunderts gefertigt wurde und aus der Zeit des Chorherrenstiftes stammt. Sie ist so kostbar, dass sie äußerst selten in den liturgischen Gebrauch kommt. Mit besonderem Stolz erfüllte die Gläubigen die Tatsache, dass diese Monstranz 1960 beim 37. Eucharistischen Weltkongress in München ausgestellt wurde. Bis zum heutigen Tag kenne ich persönlich sie nur von Fotografien.

In meiner Jugend führte ein neuer Pfarrer am Donnerstagabend eine eucharistische Anbetung ein, die mit der Komplet, also dem kirchlichen Nachtgebet, beendet wurde. Da viele Mitglieder der Kolpingjugend sich zu dieser stillen Stunde in der Kirche trafen, wurde erlebbar, dass Eucharistie eine andere sehr intensive und tragfähige Verbindung untereinander schafft und so gemeinschaftsbildend ist.

Glücklich darf ich resümieren, dass das Sakrament der Eucharistie meine Kindheit und Jugend stark prägte. Von nicht geringer Bedeutung ist die ewige Anbetung, die das Erzbistum mit seinen Pfarreien und Gläubigen bis auf den heutigen Tag hält. Dass es diese Tradition in der Diözese Eichstätt nicht gibt, empfinde ich als ein großes Defizit.

Eucharistie und monastisches Leben

Mit dem Eintritt in die Benediktinerabtei Plankstetten veränderte sich mein geistliches Leben, erfuhr über die Jahre hinweg eine Intensivierung und erweist sich in zunehmendem Maß als tragfähiges Fundament des Lebens. Zunächst ist festzuhalten, dass die Regel des heiligen Benedikt keine betonte Eucharistiefrömmigkeit kennt. Es ist davon auszugehen, dass es im Kloster des heiligen Benedikt Priester gab, ob es allerdings eine tägliche Eucharistiefeier gab, ist der Regel nicht zu entnehmen.

In der Benediktinerabtei Plankstetten wird die Eucharistie als Höhepunkt des geistlichen Lebens der Gemeinschaft täglich gefeiert. Alle Mönche nehmen im Regelfall an der gemeinsamen Feier teil, selbst wenn der eine oder andere Priestermönch zu einem anderen Zeitpunkt eine heilige Messe an einem anderen Ort feiert. Zur Eucharistiefeier gehört auch der gregorianische Choral, das gesungene Wort Gottes. Über Jahre hinweg wurde der Gesang von der Orgel begleitet. Mit dem Tod des Mitbruders, der den Dienst des Organisten ausübte, ist leider auch die Orgel verstummt, deren Aufgabe darin bestand, den Gesang der Mönche zu unterstützen.

Ein weiterer guter klösterlicher Brauch ist die tägliche Adoration. Nach dem Mittagessen und dem Tischgebet gehen alle Mönche in Prozession in die Kirche und halten vor dem Sakramentsaltar eine kurze Anbetung. Abgeschlossen wird die gemeinsame Adoration mit einem Gebet, in dem vor allem der lebenden und verstorbenen Schwestern der Abtei Frauenchiemsee gedacht wird.

Zu den Kostbarkeiten unseres Klosters zählt die Monstranz, die Abt Maurus Xaverius Herbst OSB in der Mitte des 18. Jahrhunderts anfertigen ließ. In der Mitte der Monstranz ist die Gottesmutter Maria zu sehen; sie trägt in ihrem Schoß Jesus Christus als konsekrierte Hostie. Gott Vater als Weltenherrscher ist über ihr, der Heilige Geist unter ihr dargestellt. Das Zentrum ist die konsekrierte Hostie, also Jesus Christus. Damit illustriert diese Monstranz auch das Bekenntnis zum dreifaltigen Gott, wie wir es aus dem Glaubensbekenntnis kennen. Leider wird diese Monstranz, wie auch die gotische Monstranz in Neunkirchen am Brand, nur ganz selten verwendet.

Zu den Glanz- und Höhepunkten meines monastischen Lebens zählt die Auseinandersetzung mit der mittelalterlichen Theologie der Eucharistie während des Theologiestudiums. Im Mittelpunkt standen damals die Quaestionen der Summa theologica des heiligen Thomas von Aquin; ergänzend nahm mein Doktorvater P. Professor Dr. Ulrich Horst OP das Fronleichnamsoffizium hinzu, dessen Urheber der heilige Thomas ist. In lebendiger Erinnerung ist mir die Auslegung der Antiphon: „O sacrum convivium, in quo Christus sumitur: recolitur memoria passionis eius, mens impletur gratia et futurae gloriae nobis pignus datur. Alleluia." In deutscher Übersetzung lautet sie: „O heiliges Gastmahl, bei dem Christus verzehrt wird: Das Gedächtnis seines Leidens wird erneuert, der Geist wird erfüllt mit Gnade und uns wird ein Pfand der zukünftigen Herrlichkeit gegeben. Halleluja." Mein Doktorvater legte besonderen Wert darauf, dass mit dieser Antiphon eine umfassende Realität beschrieben wird: Das Gedächtnis der Passion bezieht sich auf die Vergangenheit, die Erfüllung des Geistes mit der göttlichen Gnade auf die Gegenwart und die Eucharistie als Pfand eröffnet einen zuversichtlichen Blick nach vorne, in die Zukunft. In den vergangenen Jahren war diese Antiphon meine Danksagung, die ich nach dem Empfang der Kommunion hielt.

An dieser Stelle scheint es mir wichtig zu sein, auf die Formulierung „mens impletur gratia – der Geist wird erfüllt mit Gnade" einzugehen. In der Tat erlebe ich, wie sich im Rahmen der Eucharistie die Quelle der Gnade öffnet und die Gnade durch gute Gedanken, Ideen, sich ergebende Zusammenhänge … meinen Geist erfrischt, erneuert und befruchtet. Das ist für mich das größte Zeichen, dass Gott mich liebt und an meinem Leben ein großes Interesse hat. Der Strom der Gnaden ist das Pfand für ein Leben, das durch Gottes Wirken glücken soll. Die besten Ideen, Lösungen etc. werden mir während der Feier der Eucharistie geschenkt. Ein Mitbruder legte mir vor längerem dar, dass man auf solche Ablenkungen während der Eucharistiefeier nicht eingehen darf; es gelte vielmehr, sich zu konzentrieren und gesammelt den Gottesdienst zu feiern. Mag das für den einen oder anderen richtig sein, so ist dies nicht mein Weg. Um das Herz immer wieder in den Strom der Gnade zu tauchen, ist es für mich wichtig, bereits im Vorfeld die Eucharistiefeier gut vorzubereiten. Dadurch wird der innere Boden des Herzens gelockert und die Perspektive auf einen anderen Fokus gerichtet. In der Tat ist dann die Feier der Eucharistie Quelle und Höhepunkt des geistlichen Lebens, aus dem sich Leben Tag für Tag gestalten lässt.

In den vergangenen Jahren entdeckte ich in meiner Arbeit als Bibliothekar weitere Eucharistiegebete. Als schönstes Eucharistiegebet empfinde ich den Lobgesang der drei Jünglinge im Feuerofen (Dan 3,52–90), der mir Mut macht, unter den Vorzeichen und dem Schutz der Eucharistie schwierige Fragen und Themen anzugehen, die sich einem tagsüber stellen.

Leben aus der Eucharistie

Paul Waldmüller OFM

Ich bin Pater Paul Waldmüller, Franziskaner, geboren 1945 in Tandl in Mittelfranken. Der Ort gehört zur Stadt Hilpoltstein. Wir waren eine kinderreiche Familie. Ich hatte zwölf Geschwister. Drei von ihnen sind schon verstorben.

Unsere Pfarrkirche und unsere Schule befanden sich in Weinsfeld, zwei Kilometer von Tandl entfernt. Der Besuch des täglichen Gottesdienstes vor Schulbeginn gehörte zu unserem Tagesablauf.

Aber es gab auch eine Versuchung, die uns Kinder vom Gottesdienst abhielt. Die Amerikaner hatten auf unserem Berg ein Manöver. Uns Kinder interessierten nicht nur die Panzer und die Geländewagen, sondern wir waren auch erpicht auf Schokolade und andere Süßigkeiten. Wie gewöhnlich gingen wir von zu Haus am Morgen fort. Aber statt in die Messe zu gehen, machten wir einen Abstecher an den Waldesrand. Die erhofften Gaben blieben nicht aus. Wir kamen zwar rechtzeitig zur Schule, aber eine Nachbarin hatte unseren „Umweg" bemerkt und es unserer Mutter mitgeteilt. Wegen unseres „Irrwegs" hat sie uns schwer getadelt.

Verursacht durch den Krieg waren wir nur zu zweit in der Klasse. So wurde die Erstkommunion um ein Jahr verschoben, um auch die nächste Klasse, in der sich nur ein Mädchen befand, an der Erstkommunion teilnehmen zu lassen.

Am Tag der Erstkommunion war ich ziemlich nervös und hatte keine Lust, viel zu essen. Am Morgen des nächsten Tages sah ich noch Tortenreste auf dem Tisch und verkostete ein Stück davon. Kurz darauf kam mir in den Sinn, dass ich noch zur Kommunion gehen wollte. Das Nüchternheitsgebot wurde damals noch streng beachtet. Ich befand mich in einer großen Gewissensnot. Kann ich noch zur heiligen Kommunion gehen oder nicht? Den Pfarrer konnte oder wollte ich nicht mehr fragen. Ich habe mich dann doch entschieden, zur Kommunion zu gehen, und ich denke, es war die richtige Entscheidung.

Mit zehn Jahren ging ich allein zum Pfarrer. An seinem Haus angekommen, zog ich die Glocke. Als er herauskam, fragte er mich: „Was willst du?" Ich antwortete: „Ich möchte Ministrant werden, weil ich später Pfarrer werden will." Der Pfarrer gab keinen Kommentar dazu. Er bereitete mich auf den Ministrantendienst vor. Die lateinischen Gebete waren nicht einfach für mich.

Als ich bereits die sechste Klasse der Volksschule besuchte, erinnerte mich mein Heimatpfarrer an meinen Wunsch, Priester zu werden. Er meinte, es wäre höchste Zeit, das Gymnasium zu besuchen. Auch brachte er mir einige Kapitel Latein bei. Es war ein schwieriges Unterfangen, aber es war eine gute Vorbereitung für den Eintritt in das Seminar der Franziskaner in Freystadt, nur acht Kilometer von meiner Heimat entfernt. In Freystadt verbrachte ich ein Jahr und machte dann die Aufnahmeprüfung im staatlichen Gymnasium in Landshut. Mit elf Seminaristen meiner Klasse wohnte ich im Franziskanerseminar. Auch hier gehörte die tägliche Messe zum Tagesprogramm.

Seltsam fand ich, dass während der Messe die älteren Seminaristen in den hinteren Bänken oft Hefte mitgenommen hatten, um sich auf Prüfungen im Gymnasium vorzubereiten. Dieses Verhalten hat dazu geführt, so ist meine Vermutung, dass die Freude am geistlichen Leben abgenommen hat und auch viele Mitschüler das Franziskanerseminar vor Ablegung des Abiturs verlassen haben. Schließlich bin ich vor dem Abitur als Einziger von zwölf übrig geblieben. Diese Situation führte mich in eine innere Krise und ließ mich fragen: Bin ich zu schwach, um auch wegzugehen?

1967 entschied ich mich dann doch, in das Noviziat der Franziskaner in Salmünster bei Fulda einzutreten. Meine Studien machte ich in Münster, Rom und München. 1973 wurde ich zum Priester geweiht.

Beim Einzug in mein Heimatdorf gab mir mein Heimatpfarrer diese Empfehlung mit für meinen priesterlichen Weg: „Kein Tag ohne heilige Messe!" Es ist mir wie sein geistliches Testament in meiner Seele haften geblieben.

Selbst bei meiner Urlaubsplanung habe ich darauf geachtet, ob es eine Möglichkeit zu einer heiligen Messe gibt. Dabei habe ich sehr schöne Erfahrungen gemacht. Öfters wurde ich anschließend vom dortigen Pfarrer zum Frühstück eingeladen. Es ergaben sich Gespräche und Begegnungen, die mir große Freude bereitet haben. Es war meine Erfahrung, dass die Eucharistie Gemeinschaft bewirkt.

Eine Vertiefung der Eucharistie erfuhr ich bei den Jahresthemen, die von der Fokolarbewegung in späteren Jahren angeboten wurden. In einem Vortrag, der mich sehr berührt hat, sagte die Gründerin Chiara Lubich:

„Jesus in der Eucharistie, welche Vermessenheit, welche Kühnheit, von dir zu sprechen, der du in allen Kirchen der Welt die innersten Anliegen kennst, die dir anvertraut werden, die verborgenen Probleme, die Klagen von Millionen von Menschen, die Tränen freudiger Umkehr, um die nur du weißt, Herz der Menschheit, Herz der Kirche. Wir würden lieber nicht von dir sprechen – aus Ehrfurcht vor dieser so großen, unbegreiflichen Liebe –, aber gerade unsere Liebe, die jede Furcht besiegen möchte, drängt uns dazu, den Schleier des weißen Brotes, des Weins im vergoldeten Kelch ein wenig zu durchdringen.

Verzeih uns diese Kühnheit! Aber die Liebe will erkennen, um noch mehr zu lieben. Wir möchten unseren Weg auf Erden nicht beenden, ohne zumindest ein wenig entdeckt zu haben, wer du bist.

Und wir müssen auch über die Eucharistie sprechen. Denn wir sind Christen, und in der Kirche, unserer Mutter, leben und bringen wir das Ideal der Einheit.

Kein Geheimnis unseres Glaubens hat aber mit der Einheit so viel zu tun wie die Eucharistie. Die Eucharistie öffnet die Einheit und entfaltet ihren ganzen Gehalt; durch sie vollendet sich die Einheit der Menschen mit Gott und der Menschen untereinander, die Einheit des ganzen Kosmos mit seinem Schöpfer.
Gott ist Mensch geworden. Jesus kam auf die Erde. Alles war ihm möglich. Aber es lag in der Logik der Liebe, dass er, der einen solchen Schritt vollzogen hatte, aus der Dreifaltigkeit in das irdische Leben hinein, nicht nur für 33 Jahre auf Erden blieb, auch wenn dieses Leben in göttlicher Weise außerordentlich war. Er fand eine Art und Weise zu bleiben, ja an allen Punkten der Erde durch alle Jahrhunderte hindurch gegenwärtig zu sein in dem Moment, der höchster Ausdruck seiner Liebe ist: Opfer und Herrlichkeit, Tod und Auferstehung. Er ist bei uns geblieben. Seine göttliche Fantasie erfand die Eucharistie. Hier geht seine Liebe bis zum Äußersten."

Inzwischen bin ich 46 Jahre Priester. Der Empfehlung meines Heimatpfarrers „Kein Tag ohne heilige Messe!" bin ich im Großen und Ganzen treu geblieben. Aber es bedeutet für mich nicht eine Pflicht, sondern die Möglichkeit, eine tiefe Beziehung zu Jesus und vielen Menschen zu leben, die mir ihre Sorgen und Nöte anvertraut haben.

Besonders spricht mich im Dritten Hochgebet die Stelle an: *„Stärke uns durch den Leib und das Blut deines Sohnes und erfülle uns mit seinem Heiligen Geist, damit wir ein Leib und ein Geist werden in Christus."* In Christus eins sein. Das scheint mir der Sinn jeder heiligen Messe zu sein. Mit ihm verbunden sein bedeutet für mich verbunden sein mit allen, die getauft sind. Ihm kann ich alle Menschen anvertrauen, die sich meinem Gebet anempfehlen.

In diesem Sinne denke ich auch an meine Zeit als Kurat des Ingolstädter Messbundes zurück. Wie viele Menschen haben mir ihre Sorgen und Nöte anvertraut und um eine Gebetshilfe gebeten! Miteinander und füreinander zu beten, scheint mir ein Werk der Barmherzigkeit zu sein, das zu allen Zeiten nötig ist.

In der Biografie von Papst Paul VI. habe ich diesen schönen Gebetsgedanken gelesen. Er bittet: *„Jesus, lass mich eine lebendige Zelle in deinem mystischen Leibe sein."* Eine lebendige Zelle im Leib Christi zu sein. Ein sehr schöner Gedanke!

In einer tiefen Weise spricht Papst Franziskus in seiner Enzyklika „Laudato si'" im Absatz 236 von der Eucharistie:

„In der Eucharistie findet die Schöpfung ihre größte Erhöhung. Die Gnade, die dazu neigt, sich spürbar zu zeigen, erreicht einen erstaunlichen Ausdruck, wenn der menschgewordene Gott selbst so weit geht, sich von seinem Geschöpf verzehren zu lassen. Auf dem Höhepunkt des Geheimnisses der Inkarnation wollte der Herr durch ein Stückchen Materie in unser Innerstes gelangen. Nicht von oben herab, sondern von innen her, damit wir ihm in unserer eigenen Welt begegnen könnten. In der Eucharistie ist die Fülle bereits verwirklicht, und sie ist das Lebenszentrum des Universums, der überquellende Ausgangspunkt von Liebe und unerschöpflichem Leben. Vereint mit dem in der Eucharistie gegenwärtigen inkarnierten Sohn sagt der gesamte Kosmos Gott Dank. Tatsächlich ist die Eucharistie von sich aus ein Akt der kosmischen Liebe: ‚Ja, kosmisch! Denn auch dann, wenn man die Eucharistie auf dem kleinen Altar einer Dorfkirche feiert, feiert man sie immer in einem gewissen Sinn auf dem Altar der Welt.' Die Eucharistie vereint Himmel und Erde, umfasst und durchdringt die gesamte Schöpfung. Die Welt, die aus den Händen Gottes hervorging, kehrt zu ihm zurück in seliger und vollkommener Anbetung: Im eucharistischen Brot ‚ist die Schöpfung auf die Vergöttlichung, auf die heilige Hochzeit, auf die Vereinigung mit dem Schöpfer selbst ausgerichtet'. Darum ist die Eucharistie auch eine Quelle des Lichts und der Motivation für unsere Sorgen um die Umwelt und richtet uns darauf aus, Hüter der gesamten Schöpfung zu sein."

Bei diesen tiefen Gedanken kann ich nur mit dem heiligen Thomas von Aquin beten:

„Gottheit tief verborgen, betend nah ich dir. Unter diesen Zeichen bist du wahrhaft hier."

Anhang

Anbetung, Dank und Ehre

Anbetung, Dank und Ehre,
o ewger Gott, sei dir:
Dir dienen Engelheere,
dir huldigen auch wir.
In jedem deiner Werke,
in jeder Kreatur
erglänzet deine Stärke
und deiner Liebe Spur.

Ulm 1792 (Gotteslob, Eigenteile der Bistümer)

Autorenverzeichnis

Benini, Marco
Dr. theol. habil., Professor für Liturgiewissenschaften an der Catholic University of America in Washington D. C.

Bittschi, Adolf
Titularbischof von Nigizubi und Weihbischof in der Erzdiözese Sucre (Bolivien)

Brahtz, Werner Christoph CO
Dr. theol., Gymnasiallehrer, Mitglied des Oratoriums des heiligen Philipp Neri in Wien

Braun, Sebastian
Pfarrvikar im Pastoralraum Herrieden-Aurach, Bistum Eichstätt

Gehr, Josef
Dr. iur. can., Msgr., Mitarbeiter der Kongregation für den Klerus, Rom

Kalisch, Marc J.
Dr. theol., Domvikar des Domkapitels Eichstätt, Kurat des Ingolstädter Messbundes

Killermann, Stefan
Dr. utr. iur., Msgr., Offizial des Bistums Eichstätt, Dekan des Domkapitels Eichstätt

Sonnenberg, Beda OSB
Dr. theol., Abt des Benediktinerklosters Plankstetten

Stübinger, Thomas
Dr. theol., Pfarrer der Pfarreien Ellingen und Fiegenstall, Domvikar des Domkapitels Eichstätt

Tautz, Paulus M. CFR
Bruder der Franziskaner der Erneuerung, Mitarbeiter im Bereich der Evangelisierung im Bistum Eichstätt

Vollnhals, Isidor
Dompropst em. des Domkapitels Eichstätt, ehemaliger Generalvikar im Bistum Eichstätt

Waldmüller, Paul OFM
Guardian des Franziskanerklosters Marienthal im Rheingau, ehemaliger Kurat des Ingolstädter Messbundes

Wohner, Michael
Regens des Eichstätter Priesterseminars Collegium Willibaldinum, Kapitular des Domkapitels Eichstätt